AF586149

# MÉMOIRES

DE LA

# SOCIÉTÉ D'HISTOIRE

# ET D'ARCHÉOLOGIE

# DE BRETAGNE

## LE MOUVEMENT JANSÉNISTE au diocèse de Saint-Malo

PAR

L'ABBÉ RAISON



**RENNES**
PLIHON, 5, rue Motte-Fablet.

**PARIS**
ED. CHAMPION, 5, quai Malaquais.

**NANTES**
DURANCE, 4, quai d'Orléans

**SAINT-BRIEUC**
[illegible]D'HOMME, 12, rue Poulain-Corbion

**QUIMPER**
LE GOAZIOU, 7, rue St-François.

**VANNES**
LAFOLYE, 2, place des Lices.

# LE MOUVEMENT JANSÉNISTE

## AU DIOCÈSE DE SAINT-MALO



## INTRODUCTION

Il serait inexact d'affirmer que l'histoire du jansénisme en nos contrées a été écrite : elle a été tout au plus esquissée. Les historiens du XVIIIe siècle, Dom Lobineau et Dom Morice, n'ont pas soupçonné tout l'intérêt que présenterait un jour le récit des luttes doctrinales dont ils furent les témoins et ces controverses étaient trop récentes pour qu'il leur fût possible de porter sur elles un jugement impartial et définitif. Au cours des siècles derniers, cette période de notre histoire locale parut cependant attachante à quelques érudits. Ogée, dans son *Dictionnaire*, l'abbé Tresvaux, dans son *Eglise de Bretagne*, insérèrent un certain nombre de renseignements sur les prélats et les religieux adversaires ou « amis de la Vérité ». Le chanoine Guillotin de Corson consigna dans le *Pouillé de Rennes* les quelques lignes consacrées sur ce sujet, par le *Gallia Christiana*, à plusieurs évêques de notre province. M. Pocquet du Haut-Jussé, au tome V de son *Histoire de Bretagne*, a donné quelques pages sur l'ensemble de ces discussions passionnées qui se prolongèrent chez nous, comme ailleurs, pendant un siècle et demi[1]. En 1909, paraissait l'ouvrage de M. A. Le Moy sur *Le Parlement de Bretagne et le pou-*

1. Le célèbre ouvrage de M. POCQUET : *Le duc d'Aiguillon et la Chalotais*, Paris, Perrin, 1900, contient au tome I, chapitres VI et VII, une étude très précieuse de la lutte engagée entre les Jésuites et le Parlement de Bretagne. Le chapitre IX est également intéressant au point de vue qui nous occupe.

*voir royal au XVIII^e^ siècle*[2]. Au cours de deux chapitres, l'auteur aborde la querelle janséniste envisagée au point de vue juridique et parlementaire... Et c'est tout. Aussi ce travail, même imparfait et forcément incomplet, pourra-t-il faciliter à d'autres chercheurs « l'étude plus approfondie d'une époque qui représente tant de luttes et qui se lie si fortement à toute notre histoire »[3].

Mais, dira-t-on, ou plutôt a-t-on dit déjà, ce travail vaut-il vraiment la peine d'être entrepris? Le jansénisme réussit-il à s'implanter en nos contrées? De son passage, subsiste-t-il des traces? L'opinion commune, facilement admise — trop facilement sans aucun doute — veut que la Bretagne fut préservée complètement, sans aucun combat, des doctrines et de l'influence des « Amis de la Vérité ». Il sera facile de prouver que l'opinion commune se trompe, ce qui lui arrive quelquefois. Sans doute, l'histoire du jansénisme dans le diocèse de Saint-Malo ne peut pas présenter l'intérêt passionnant qui s'attache au récit des mêmes querelles théologiques dans les diocèses de Paris ou de Troyes, d'Auxerre ou de Senez [4]. La biographie de Vincent Desmaretz, évêque de Saint-Malo, malgré les incidents curieux dont elle est remplie, n'a rien à voir avec celle de Nicolas Pavillon qui rendit à jamais célèbre le minable et obscur évêché d'Alet. Mais, ceci étant posé, il n'en est pas moins vrai que le mouvement janséniste en nos régions a revêtu les formes diverses, j'allais dire « classiques », sous lesquelles il s'est manifesté dans les coins de France où l'influence de Port-Royal se fit le plus vivement sentir. Au cours des chapitres de cet ouvrage, ces manifestations se succéderont. Le jansénisme parlementaire, épiscopal, populaire, monastique, posséda chez nous des défenseurs et des adversaires passionnés, et cela depuis le milieu du XVII^e^ siècle, alors que

2. Angers, Burdin, in-8°, XXIII-605 p.

3. Abbé J. CARREYRE, *Vie Catholique*, n° 92, p. 9.

4. Sous le gouvernement du cardinal de Noailles et des évêques Jacques-Bénigne Bossuet (neveu de l'Aigle de Meaux), Charles de Caylus et Jean Soanen, qui furent des « appelants » irréductibles et obstinés.

l'*Augustinus* ne faisait que paraître, jusqu'à la fin du siècle suivant qui devait réserver, à ceux qui luttaient dans le domaine des idées, un champ plus vaste et des coups plus meurtriers. C'est pourquoi le souvenir de ces controverses religieuses méritait vraiment d'être tiré de l'oubli.

Avant d'aborder les chapitres de cette étude, il me reste à transmettre mes meilleurs remerciements à tous ceux qui m'ont signalé ou fourni des documents présentant quelquefois un intérêt extrême : M. Bourde de la Rogerie, archiviste départemental d'Ille-et-Vilaine ; M. Létaneaux, archiviste municipal de Saint-Malo ; M. Jouin, rédacteur aux Archives départementales d'Ille-et-Vilaine ; M. Pocquet du Haut-Jussé, docteur ès lettres, ancien élève de l'Ecole de Rome, archiviste-paléographe ; M. l'abbé Perrin, secrétaire de l'Archevêché de Rennes ; M. l'abbé Dupuy, professeur au Collège de Saint-Malo ; MM. les abbés Janvier et Neveu, professeurs à l'Ecole Saint-Vincent-de-Paul, à Rennes. Je dois beaucoup également à l'inépuisable obligeance de nos bibliothécaires de Rennes, MM. Lefeuvre et Conduché. Que tous veuillent bien trouver ici l'expression de ma profonde reconnaissance.

# I

## Le mouvement janséniste sous l'épiscopat de Mgr de Harlay, de Mgr de Neufville, de Mgr de Villemontée, de Mgr de Guémadeuc. (1631-1702).

I. Mgr de Harlay correspond avec Zamet au sujet de Saint-Cyran (1638). — II. Il approuve *La Fréquente Communion* d'Arnauld (1644). — III. Il confie le Séminaire de Saint-Malo aux Lazaristes (1646). — IV. Mgr de Neufville souscrit à la condamnation des *Cinq propositions* (1653-1654). — V. Il choisit comme archidiacre François Hallier (1647-1656). — VI. Il compose un mandement contre le jansénisme. — VII. Mgr de Villemontée est nommé commissaire dans l'affaire des quatre évêques (1667). — VIII. Episcopat de Mgr de Guémadeuc. — IX. Quelques prisonniers jansénistes au château de Saint-Malo.

Le Jansénisme, on le sait, est né doctrinalement, comme le Protestantisme, dans les brumes du nord de l'Europe. L'évêque d'Ypres, Jansénius, lui donna son nom [1].

La doctrine dont il avait jeté les bases dans l'*Augustinus* s'implanta en Hollande : c'était tout naturel [2]. Mais elle eut en France des forteresses inexpugnables et, dans la province de Bretagne, le diocèse de Saint-Malo eut le privilège d'accueillir le premier les idées nouvelles et de les défendre avec acharnement.

1. La bio-bibliographie de l'évêque d'Ypres est trop copieuse pour trouver place ici. Je signale cependant les principaux ouvrages qui s'y rapportent : Les *Mémoires* du jésuite RAPIN, publiés par Aubineau, Paris, 1865, 3 vol. ; *L'Histoire du Jansénisme*, du même auteur, publiée en 1865 par Domenech ; — DUMAS, *Histoire des cinq propositions de Jansénius*, Liége, 1699 ; — Dom CLÉMENCET, *Histoire générale de Port-Royal*, Amsterdam, 1755 ; — SAINTE-BEUVE, *Port-Royal*, 1867, 7 vol. in-12 ; — CRÉTINEAU-JOLY, *Histoire de la Compagnie de Jésus*, 6 vol. in-8°, 1845. Faut-il faire remarquer que dans tous ces ouvrages l'impartialité a quelquefois reçu de rudes atteintes? L'ouvrage de GAZIER, *Histoire générale du mouvement janséniste*, Paris, Champion, 1922, se distingue par la virulence de ses attaques, mais abonde en renseignements précieux.

2. On sait que l'Eglise janséniste existe toujours en Hollande. L'archevêque d'Utrecht en est le chef suprême. Il possède deux suffragants, ce qui assure dans ce groupe religieux la pérennité du sacerdoce et de l'épiscopat. Cf. Léon SÉCHÉ. *Les derniers Jansénistes*.

I. — Les quinze années durant lesquelles Mgr Achille de Harlay [3] gouverna l'église de Saint-Malo furent marquées par l'apparition de l'*Augustinus* (1640) et le livre d'Arnauld sur la *Fréquente Communion* (1643). Aucun acte officiel n'a été conservé qui marque les dispositions de ce prélat à l'égard des doctrines augustiniennes. « Dans toute sa conduite, dit l'abbé Tresvaux, il se montra un véritable pasteur, accessible à tous et animé d'un grand désir de procurer le salut des âmes » [4]. Nous n'en savons guère davantage : mais cela suffit.

Un événement imprévu allait fournir à Mgr de Harlay l'occasion d'extérioriser ses pensées intimes touchant l'*Augustinus* et ceux qui l'admiraient. Des bruits suspects commençaient à courir sur l'abbé de Saint-Cyran. Le cardinal de Richelieu, très informé, fut mis, sans trop tarder, au courant de ces rumeurs. Il interrogea lui-même M. Vincent [5], le Père de Condren [6] et plusieurs autres parmi « les

3. Fils de Nicolas de Harlay de Sanci, surintendant des finances, naît en 1581. Il est nommé par Henri IV évêque de Lavaur. « Mais, par délicatesse de conscience, il n'accepte point et quitte l'état ecclésiastique pour prendre le titre de marquis de Morainvilliers. » Sous ce nom, il remplit pendant dix ans les fonctions d'ambassadeur à Constantinople. Il y étudie les langues orientales et s'y procure de précieux manuscrits de la Bible, qu'il donne ensuite aux Pères de l'Oratoire de la rue Saint-Honoré. Touché par les vertus du cardinal de Bérulle, il entre dans sa congrégation et en devient supérieur général. Après un séjour à la cour de Savoie où le roi l'a envoyé négocier quelques affaires, il part pour l'Angleterre où il devient confesseur de la Reine. Nommé en 1631 évêque de Saint-Malo, il y fait son entrée solennelle le 29 mai 1633. Préside les Etats de Dinan en 1634. Meurt à soixante-cinq ans, dans son palais épiscopal, le 20 novembre 1646 ; est enterré dans sa cathédrale, « proche les fonts baptismaux, sous une grande tombe de marbre bordée de tuffeau blanc ». GUILLOTIN DE CORSON, *Pouillé...*, I, p. 602-603. — *Gallia Christiana*, XIV, col. 1014. — Albert LE GRAND, *Vies des Saints*, p. 183*. — *L'Histoire manuscrite des évêques de Saint-Malo*, par le P. LELARGE, génovéfain de l'abbaye Saint-Jacques de Montfort, conservée à Paris, Bibliothèque Sainte-Geneviève, s'arrête au $X^e$ siècle.

4. *Eglise de Bretagne*, p. 240. Je cite cet auteur sans avoir d'illusions irréductibles sur sa valeur historique et le charme de son style : mais il est le seul qui ait abordé jusqu'ici, en Bretagne, d'une manière quelque peu suivie, la question du jansénisme.

5. Cf. COSTE, *Correspondance de saint Vincent de Paul*, XIII, p. 87, 94, 106, sur les relations du fondateur de la Mission avec Saint-Cyran et le refroidissement survenu dans leur amitié. — Antoine RÉDIER, *La vraie Vie de saint Vincent de Paul*, Paris, in-12, 1927, p. 152 et seq. Cf. également COSTE, *loc. cit.*, XIII, p. 97, 106, jugement de saint Vincent de Paul sur Saint-Cyran.

plus gens de bien du royaume ». Il savait quelles avaient été les relations de Zamet et de Saint-Cyran et quel éclat avait produit leur rupture. « Aussi avait-il fait prier M. de Langres de lui envoyer, de son diocèse, un rapport écrit sur cette affaire et sur les doctrines de M. de Saint-Cyran. Zamet adressa alors à l'ancien Oratorien, Achille de Harlay de Sancy, évêque de Saint-Malo, secrétaire et historiographe de Richelieu [7], un Mémoire destiné à rester secret, et qui dut le jour, sept ans plus tard, à une indiscrétion des Jésuites. Le Mémoire de l'évêque de Langres fut-il la cause déterminante de l'arrestation ? Ne se serait-elle pas produite sans l'intervention de Zamet ? question difficile à résoudre et sur laquelle les amis de M. de Saint-Cyran étaient loin d'être d'accord. Tantôt les auteurs jansénistes font de ce mémoire dont ils parlent, la plupart sans le connaître, la pièce principale de l' « information », tantôt ils affectent de n'y attacher aucune espèce d'importance. Cet écrit fut, sans doute, une des dix-sept ou dix-huit raisons qui contribuèrent à conduire M. de Saint-Cyran à Vincennes » [8].

M. de Saint-Malo se contenta-t-il de lire un document d'une telle importance ? « Il est infiniment probable, pour ne pas dire certain, que Zamet avait reçu de Mgr de Harlay, par ordre de Richelieu, un questionnaire en règle auquel ce mémoire était une réponse. Il suffit de le lire attentivement pour s'en convaincre » [9].

*Ibid.*, III, p. 366, et XIII, p. 87, jugement de Saint-Cyran sur saint Vincent de Paul.

6. Charles de Condren, deuxième général de l'Oratoire, auteur de nombreux ouvrages de spiritualité.

7. Robert Lavollée a soutenu que le prélat malouin était l'auteur des *Mémoires* qui portent le nom du redoutable cardinal. Cf. *Annuaire de la Société de l'Histoire de France*, 1904, 3e fascicule. — P. BERTRAHD, *Revue historique*, 1922, p. 40 et seq.

8. L.-N. PRUNEL, *Sébastien Zamet, évêque-duc de Langres, pair de France. Sa vie et ses œuvres*, in-8°, Paris, Picard, 1912, p. 264 et seq.

9. *Ibid.*, p. 265, en note : « La forme même d'une phrase : *Quant à ce qui est des contentions entre l'abbé et moy...*, prouve que Zamet répond à une question posée par M. de Saint-Malo. »

Le mémoire se terminait par ces mots : « Je soubs signé Achilles de Harlay, Evesque de Sainct-Malo, recognois que le Mémoire cy-dessus m'a esté envoyé tel qu'il est écrit, il y a trois ou quatre mois, par Monsieur l'Evesque de Langres. Faict à Ruel, ce 26 may 1638 [10]. Signé : De Harlay, Ev. de St-Malo » [11]. Cette attestation de M. de Saint-Malo, signée de sa main, fut jointe au Mémoire, afin de l'authentiquer, car il n'était pas signé [12]. Ce prélat apposait son nom à une pièce épiscopale qui, la première, dénonçait le mouvement auquel serait donné plus tard le nom de *Jansénisme*.

II. — Cette orthodoxie de l'évêque de Saint-Malo faillit cependant recevoir une terrible atteinte. En 1643, à la fin de l'été [13], paraissait l'ouvrage d'Antoine Arnauld, *De la Fréquente Communion* [14]. « L'ouvrage comprenait trois parties. La première était un traité de théologie positive. On y réunissait et on y coordonnait des Textes de l'Ecriture et des Pères sur les dispositions qu'il faut apporter à la communion. La deuxième partie était un traité de morale. On prétendait y démontrer que la pénitence doit précéder la communion. La troisième partie était un traité d'ascétique. On y examinait les meilleurs moyens à prendre pour communier avec fruit... L'ouvrage, méthodiquement

10. Mgr de Harlay assista à l'Assemblée du Clergé en 1635. Cf. *Procès-verbaux des Assemblées du Clergé*, II, p. 649, 652 et seq., 673 et seq. A cette assemblée assistaient l'abbé de Paimpont, Mgr de Sariac, p. 673, 727, 740, 746, 785, et Louis Odespung, chanoine de Rennes et prieur d'Asay, p. 669, députés du second ordre pour la province de Tours.

11. L.-N. PRUNEL, *loc. cit.*, p. 268.

12. *Ibid.*, en note : « La publication de ce document, attribuée par Dom Clémencet au jésuite Pinthereau, fut faite tout d'abord par des feuilles manuscrites, puis par des imprimés. La Bibliothèque Nationale possède un des exemplaires, très rares, de ce mémoire. Laubardemont — ou l'un de ses secrétaires — fut rendu responsable de cette « fuite ».

13. Dans sa *Vie de Messire Arnauld*, p. 20, QUESNEL donne la date de septembre 1643. On sait, par l'abbé de Marolles, que le livre fut achevé d'imprimer en juin-juillet de cette même année. Cf. SAINTE-BEUVE, *Port-Royal*, II, p. 179.

14. Un volume in-8°, chez Antoine Vitré, à Paris. Cf. JAGER, *Hist. de l'Eglise*, XVII, p. 71. — MORERI, *Dictionnaire*, I, p. 707. — RACINE, *Abrégé de l'histoire de Port-Royal*, dans les *Œuvres complètes* (édit. de 1856), II, p. 40.

ordonné, écrit d'un style froid, mais clair, parsemé de très belles citations des Pères, eut un immense succès [15]. » Depuis l'*Introduction à la Vie dévote* de saint François de Sales, publiée au commencement du siècle, aucun livre de dévotion n'avait fait autant d'effet et n'eut plus de suites. « Ce fut toutefois en un sens, on peut le dire, différent, le livre de François de Sales étant plutôt pour réconcilier les gens du monde par l'onction et l'amabilité de la religion, et celui d'Arnauld pour leur en rappeler le sévère et le terrible. Mais l'un et l'autre vinrent à point et remplirent leur effet [16]. »

On n'aperçut pas tout d'abord les dangers que présentait la lecture d'un tel traité. « Cet ouvrage, dit Hermant [17], qui est l'un des livres de notre siècle sur qui Dieu a répandu le plus de bénédictions et de grâces, malgré les contradictions des hommes qui en ont pris sujet d'exciter une très longue et très violente persécution contre l'auteur, fut mis au jour avec l'approbation de quinze évêques ou archevêques et de vingt docteurs. » L'évêque de Saint-Malo était de ce nombre [18].

Le prélat ne tarda pas d'ailleurs à changer de sentiment sur l'école de Port-Royal. En 1644, un livre paraissait, portant pour titre : *Réponse à l'apologie du sieur Arnauld, contenue en sa lettre adressée à la reine régente, mère du roi* [19]. Ce livre renfermait la lettre de l'évêque de Langres [20] adressée à M. de Saint-Malo, « touchant les prétendues maximes de M. l'abbé de Saint-Cyran [21] ». Ce document, on le voit, ne présentait pas une petite importance aux

15. MOURRET, *Histoire de l'Eglise*, 1925, Paris, in-8°, VI, p. 373.

16. SAINTE-BEUVE, *Port-Royal*, II, p. 168.

17. G. HERMANT, *Mémoires*, I, p. 210, Paris, in 8°, 1905 1910.

18. Ainsi que l'évêque de Saint-Brieuc, Denis de la Barde. Cf. HERMANT, *loc. cit.*, I, p. 210, 224 ; II, p. 617 ; IV, p. 447 et seq. — POCQUET DU HAUT-JUSSÉ, *Hist. de Bretagne*, V, p. 574.

19. *Lettres, Instructions diplomatiques et Papiers d'Etat du cardinal de Richelieu*, 11 janvier 1637, V, p. 730.

20. Cf. HERMANT, *loc. cit.*, I, p. 291.

21. Zamet avait songé à demander Achille de Harlay comme coadjuteur. Cf. PRUNEL, *loc. cit.*, p. 86 et seq.

yeux des « Amis de la Vérité ». Mgr de Harlay était définitivement rangé parmi les adversaires du jansénisme. « C'est un esprit chaud, disait de lui Richelieu, qui prend feu quelquefois sans mauvaise intention, mais les retours en sont toujours bons [22]. »

III. — Il y a plus encore. L'évêque de Saint-Malo avait compris de quelle importance est, pour l'avenir d'un diocèse, la formation du clergé. Il résolut d'appeler à son aide un prêtre zélé entre tous. La fondation du Séminaire de Saint-Méen, la direction qui en est confiée aux Lazaristes [23], l'intérêt que saint Vincent de Paul porte à cette maison ne nous laissent rien ignorer touchant l'orthodoxie complète du prélat [24].

Mgr de Harlay, en même temps qu'évêque de Saint-Malo, était abbé de Saint-Méen. La réforme de ce monastère avait été tentée, non sans peine, par le saint évêque de Rennes, Pierre de Cornulier [25]. A la prière de Mgr de Harlay, le roi permit, le 20 octobre 1643, d'établir un séminaire à Saint-Méen. Le 15 juillet 1645, l'évêque de Saint-Malo traita directement avec saint Vincent de Paul [26]. « Il fut convenu entre eux que la Congrégation aurait des prêtres à Saint-

22. COSTE, *loc. cit.*, III, p. 368.

23. Sur cette question, cf. GUILLOTIN DE CORSON, *Pouillé...*, III, p. 472, et VI, p. 175. — *Gallia Christiana*, XIV, col. 1015. — P. COSTE, *Correspondance de saint Vincent de Paul*, II, p. 569. — COLLET, *Vie de saint Vincent de Paul*, Paris, 1748, I, p. 414. — *Abrégé des Actes, Titres et Mémoires concernant les affaires du Clergé de France et tout ce qui s'est fait contre les hérétiques depuis le règne de saint Louis jusqu'à nos jours*, par BORJON, Paris, chez Antoine Dezallier, 1696, in-4°, p. 43 et seq.

24. « M. Bonnet, supérieur général de la Congrégation de la Mission, (est) toujours ferme dans la généreuse résolution de chasser de son corps les sujets les plus recommandables par leurs lumières et leur piété. » *Nouvelles ecclésiastiques* du 14 juin 1720, p. 41. — Les prêtres de la Mission furent appelés à diriger en Bretagne les séminaires de Tréguier, Vannes et Saint-Pol-de-Léon. Cf. POCQUET DU HAUT-JUSSÉ, *Histoire de Bret.*, V, p. 574. Partout ils justifièrent ce qu'a dit d'eux l'abbé COSTE, *La Congrégation de la Mission, dite de Saint-Lazare*, Paris, 1927, in-12, p. 70 : « Ils furent unanimes à repousser les nouveautés théologiques qui séduisirent en France une multitude de gens d'Eglise et de personnes de piété. »

25. *Gallia Christiana*, XIV, col. 1024. Mgr de Harlay est le 45e abbé. — GUILLOTIN DE CORSON, *loc. cit.*, III, p. 472.

26. COSTE, *loc. cit.*, II, p. 569, et III, p. 100.

Méen non seulement pour tenir le séminaire, mais encore pour prêcher des missions dans le diocèse de Saint-Malo, et qu'elle recevrait et instruirait gratuitement au séminaire vingt jeunes clercs pendant deux ou trois ans chacun. De son côté, l'évêque s'engagea à laisser à la Congrégation l'usage des bâtiments claustraux de Saint-Méen, les revenus de la mense conventuelle et ceux des quatre offices du cloître [27]. »

Les Bénédictins firent opposition à cet établissement et le Parlement de Rennes prit fait et cause pour eux. Saint Vincent de Paul estimait qu'il valait mieux tout abandonner que d'entrer en procès. Mais, sur les instances de l'évêque de Saint-Malo et pour ne pas trahir sa cause, il demanda à ses prêtres de ne pas abandonner l'abbaye [28]. A plusieurs reprises, il approuva et justifia les droits de Mgr de Harlay [29].

Les Prêtres de la Mission furent chassés de l'abbaye sur les ordres du Parlement de Rennes et saint Vincent de Paul multiplia, mais en vain, les démarches en vue de les rétablir. Il fallut un arrêt du Conseil du Roi, cassant celui du Parlement de Bretagne, pour permettre aux Lazaristes de pénétrer à nouveau dans l'antique monastère. Mgr de Harlay les avait protégés de son mieux en jetant l'interdit sur

27. GUILLOTIN DE CORSON, *loc. cit.*, III, p. 473 et 99 : « Mgr de Saint-Malo, voyant le misérable état auquel sont la plupart des ecclésiastiques de son diocèse, obtint du roi... d'unir la mense des religieux au séminaire d'Ecclésiastiques qu'il avait institué à Saint-Méen... Messieurs de Saint-Malo sont fort résolus d'employer tout ce qu'ils pourront à cette affaire. »

28. COSTE, *Ibid.*, III, p. 204 : « L'union des abbayes est très difficile en France... L'union des menses conventuelles ne l'est pas moins. Feu Mgr de Saint-Malo avoit uni son Abbaye de Saint-Méen à son Séminaire et y avoit établi la Compagnie. Mais nous avons eu beaucoup à souffrir de la part des religieux... »

29. COSTE, *loc. cit.*, III, p. 38-39, 46-49, 100-102, et VII, p. 147. III, p. 8-10, lettre à Antoine Portail, du 12 août 1646 : « Quand l'évêque de Saint-Malo vit l'opposition qui s'y manifestait, il craignit pour son projet... Le Parlement lui interdit, le 1er juin 1646, de faire aucune innovation dans l'abbaye, le condamna aux dépens, évalués à 40 livres. » III, p. 20, lettre du 25 août 1646, à Jean Barreau : « La divine bonté, qui vivifie et mortifie, nous a mis dans la souffrance et la confusion, à cause de la persécution que nous subissons dans l'établissement de Saint-Méen, ou plutôt Mgr de Saint-Malo, qui nous y a établis. »

l'église de Saint-Méen et en défendant d'y pénétrer, sous peine d'excommunication, tant que les Bénédictins s'y trouveraient [30].

En face de la décision royale, les parlementaires bretons ne cédèrent pas. M. Vincent avait écrit à M. Bourdet, supérieur de la maison, de demeurer à son poste. Pris de panique, M. Bourdet s'enfuit, laissant seul son confrère, M. de Beaumont. Sur l'ordre du Parlement de Rennes, l'Abbaye fut envahie. M. de Beaumont fut saisi et mis en prison, les fers aux pieds. M. Vincent sollicita sa délivrance auprès du premier président du Parlement [31] et eut la joie de l'obtenir. Il avait eu précédemment celle de voir Mgr de Harlay et Mgr de Neufville, son coadjuteur, quitter leur ville épiscopale et se rendre en hâte à Saint-Méen en vue d'apaiser ce douloureux conflit [32].

Tout finit par se calmer et en 1646, l'année même de sa mort, Mgr de Harlay put voir les Lazaristes rétablis à Saint-Méen par les officiers du Roi [33]. De la cour, des lettres-patentes étaient arrivées, confirmant l'extinction de l'Abbaye et l'érection du Séminaire qui lui succédait. Quelques froissements se produisirent à ce moment entre le prélat

30. COSTE, *loc. cit.*, III, p. 27, lettre du 25 août 1646, à Antoine Portail : « Mondit seigneur... a interdit l'église de Saint-Méen et a défendu, sous peine d'excommunication, à son peuple d'y entrer, pendant que les Pères y seront. »

31. *Ibid.*, III, p. 46. — Détail piquant et fort significatif : le Procureur Général qui avait requis contre les Lazaristes n'était autre que Huchet de la Bédoyère, le janséniste fameux que nous retrouverons dans un prochain chapitre. Saint Vincent de Paul a deviné la profondeur de son hostilité. Il écrit le 6 octobre 1646 à Antoine Portail (COSTE, *loc. cit.*, III, p. 72) : « Le Parlement de Bretagne, dont le commissaire qui a chassé les nôtres (M. de la Touche-Frelon, conseiller au Parlement) et le Procureur Général (Huchet de la Bédoyère) ont ajournement, a mis un tel sévice qu'on juge que nous n'aurons jamais repos en cette province-là. »

32. COSTE, *loc. cit.*, III, p. 58, lettre du 27 septembre 1646, à Jean Dehorgny : « La persécution n'est pas apaisée en Bretagne, quoique Monseigneur l'Evêque et Monsieur le coadjuteur de Saint-Malo soient allés sur les lieux exprès pour cela. Notre prisonnier a été délivré cinq jours après et la Compagnie est éparse par-ci, par-là. »

33. *Ibidem*, III, p. 27, 72, 84, 99, mémoire du 25 août 1646, à Antoine Portail : « Je viens de recevoir une lettre de M. de Saint-Malo, par laquelle il me mande qu'il a avis que les nôtres sont rétablis de l'autorité du roi, cela avec l'assistance du capitaine des gardes de M. le Gouverneur de la Province. » Mgr de Harlay avait sollicité lui-même l'envoi de ces troupes.

et plusieurs missionnaires, mais ils furent sans grande importance [34].

Mgr de Harlay mourut le 20 novembre 1646 [35], âgé de soixante-cinq ans. Malgré les attaques passionnées dont il avait été l'objet [36], il laissait le souvenir d'un évêque instruit [37], charitable et zélé [38].

IV. — « Ferdinand de Neufville [39], neveu de Mgr de Harlay et déjà son coadjuteur... succéda à son oncle. Il continua les querelles commencées et jamais terminées avec le Chapitre. Peu d'œuvres sous cet épiscopat, mais des signatures données dans les Assemblées du Clergé, tant pour les remontrances faites au pouvoir pour la modification ou

34. COSTE, *loc. cit.*, III, p. 104, à Antoine Portail. 10 novembre 1646 : « M. Bourdet est à Nantes... en attendant le congé qu'il m'a demandé de se retirer, à cause d'un facheux rencontre (*sic*) qui est arrivé entre lui et M. de Saint Malo. »

35. *Inventaire sommaire des archives communales de Saint-Malo antérieures à 1790*, série G G, p. 2, 12 décembre 1646 : *Enterrement de Mgr de Harlay*. Plusieurs détails curieux.

36. « Comme ami de Marie de Médicis et du cardinal de Richelieu, de Harlay eut aussi ses critiques qui le traitèrent de « fou sachant plus d'arabe que de français ». A les entendre, il n'y avait de sens que dans la première syllabe de son nom et sa cervelle était « une ruche bourdonnante de frelons ». La politique à laquelle il s'était associé lui valait ces injures. » ROBIDOU, *Histoire et panorama d'un beau pays*, II, p. 61.

37. Pendant son séjour à Constantinople, il ne s'était pas contenté d'apprendre les langues orientales. Il collectionnait les manuscrits de Platon en même temps que ceux de la Bible.

38. Il protégea en Orient les chrétiens et racheta un millier d'enfants vendus comme esclaves. — Il s'intéressa aux communautés de son diocèse. « A son expérience du monde et des affaires, ce prélat joignait une exquise affabilité, un esprit vaillant, des talents oratoires, une pénétration dont il fit particulièrement preuve aux Etats de Bretagne, en 1634. » B. ROBIDOU, *loc. cit.*, II, p. 59.

39. Né à Rome en 1608. Fils de Charles de Neufville, marquis de Villeroy, ambassadeur de France, et de Jacqueline de Harlay. D'abord chevalier de Malte, puis abbé de Saint-Wandrille au diocèse de Rouen et coadjuteur de Saint-Malo, avec le titre d'évêque d'Auguste, *in partibus*. Sacré le 28 août 1644, par son oncle Mgr de Harlay. Après la mort de l'évêque de Saint-Malo, il lui succède sur ce siège et reçoit en commende l'abbaye de Saint-Méen. « Marchant sur les traces de son prédécesseur, il travailla avec zèle au salut du peuple qui lui était confié. Son affabilité et sa bonté lui gagnèrent les cœurs de ses diocésains... Il gouverna... avec beaucoup de prudence et de douceur. » Abbé TRESVAUX, *loc. cit.*, p. 342. — Transféré à Chartres en septembre 1657 ; Mgr de Neufville mourut à Paris, le 2 janvier 1690, à l'âge de 82 ans. — Cf. *Gallia Christiana*, XIV, col. 1015, et VIII, col. 1194. — GUILLOTIN DE CORSON, *Pouillé...*, I, p. 603. — *Mémoires de la Société archéologique d'Ille-et-Vilaine*, XXXIII, p. XVI et XIX.

la transformation des biens ecclésiastiques que contre les cinq propositions de l'évêque Jansénius [40]. »

En 1653, le 15 juillet, l'Assemblée du Clergé siégeant à Paris au Couvent des Grands Augustins recevait la Constitution de Sa Sainteté contre les cinq propositions. Au nombre des signataires se trouve *Ferdinand, Ev. de St Malo* [41]. Le prélat souscrit également à la *Lettre écrite à tous les Prélats du Royaume de France par les cardinaux, archevêques et évêques qui se sont trouvés à Paris le 15 juillet 1653* [42] et, le 28 mars 1654, à la *Nouvelle Lettre écrite à N. S. P. le Pape par les Prélats du Royaume de France assemblés à Paris, sur le sujet des cinq propositions condamnées par Sa Sainteté* [43].

Solennelle entre toutes est la lettre du 28 mai 1654 *écrite à tous les Prélats du Royaume de France, par les cardinaux, archevêques et évêques qui se sont trouvés à Paris... sur le sujet des cinq propositions extraites du livre de Jansénius, condamnées par N. S. P. le Pape Innocent X* [44]. « Nous qui sommes obligés par le devoir que nous imposent nos charges, disent ces chefs de l'Eglise de France, d'ôter tous les scandales du royaume de Dieu, nous avons jugé à propos... d'empêcher que le venin qui attaque déjà quelques personnes ne se répande davantage ; et afin de le faire avec plus d'exactitude et avec la gravité et l'autorité requises, nous, cardinaux, archevêques et évêques qui sommes en cette ville capitale du royaume pour les intérêts de nos églises, nous étant assemblés, nous avons été d'avis de remettre le soin de cette affaire à la diligence de nos frères, les illustrissimes et révérendis-

40. B. ROBIDOU, *loc. cit.*, II, p. 61.

41. *Procès-verbaux des Assemblées du Clergé*, IV, Pièces just., p. 48. — *Recueil des Actes, Titres et Mémoires concernant les affaires du Clergé de France*, 1768, I, col. 235.

42. *Ibid.*, col. 241.

43. *Ibid.*, col. 245 et seq. — HERMANT, *loc. cit.*, II, p. 203, 476, et III, p. 479.

44. *Recueil des Actes, Titres, Mémoires*, etc..., I, col. 253. — *Procès-verbaux des Assemblées du Clergé*, IV, Pièces just., p. 31. — Cf. également BOURLON, *Les Assemblées du Clergé et le Jansénisme*, Paris, 1909, in-8°, p. 17 et seq. p. 56 et seq.

simes archevêques de Tours, d'Ambrun, de Rouen, de Toulouse et des évêques d'Autun, de Montauban, de Rennes [45] et de Chartres... » Parmi les signataires figurent les évêques de Saint-Malo, de Tréguier, de Léon, de Nantes et le coadjuteur de Quimper.

V. — Ces marques d'adhésion données par Mgr de Neufville aux Actes de l'Assemblée du Clergé sont significatives [46]. Mais combien l'est plus encore la présence auprès du prélat d'un des défenseurs les plus déterminés de l'orthodoxie, de celui-là même qui, en cour de Rome, finira par obtenir la condamnation solennelle et définitive des cinq propositions extraites de l'*Augustinus*. Il suffirait à la gloire de Mgr de Neufville d'avoir possédé de 1647 à 1656 François Hallier comme archidiacre de son diocèse [47].

Ce personnage — très oublié chez nous, d'ailleurs — prêta de bonne heure son concours à M. de Saint-Malo et resta près de lui jusqu'à la fin, ou presque, de son épiscopat [48]. Il portait le titre d'archidiacre de Dinan [49] et cela lui donnait une place des plus importantes dans l'administration diocésaine [50]. Quel fut son rôle près de Mgr de Neufville ? Vu l'absence de documents, il est difficile de le dire. Mais étant donné qu'au cours de ces années, François Hallier occupe une place de premier plan sur d'autres

45. *Monseigneur de la Mothe-Houdancourt.* — Le texte latin de cette épître figure en regard du français.

46. Elles approuvent des déclarations comme celles que faisait saint Vincent de Paul à l'évêque de Cahors, Alain de Solminihac, le 9 juin 1653 : « Cette décision est une grâce de Dieu si grande que tout le monde en fait fête ici et ceux qui savent le mal que ces agitations passées ont fait ne peuvent assez reconnaître un tel bien. » COSTE, *Correspondance*, IV, p. 621.

47. Cf. GUILLOTIN DE CORSON, *Pouillé...*, I, p. 628. — MORÉRI, *Dictionnaire*, V, p. 498. — *Gallia Christiana*, 1715, I, col. 957.

48. Mgr de Neufville fait son entrée à Saint-Malo en 1645. François Hallier est nommé vicaire général le 12 août 1647. M. de Saint-Malo est transféré à Chartres en 1657 ; Hallier a résigné l'archidiaconat de Dinan en 1656.

49. Sur cette dignité, cf. GUILLOTIN DE CORSON, *Pouillé...*, I, p. 658 et seq.

50. L'Eglise de Saint-Malo ne comptait que deux archidiaconés, ceux de Dinan et de Porhoët.

théâtres[51], il est permis de conclure que son action dans le diocèse de Saint-Malo ne fut qu'intermittente, alors qu'elle se révélait ailleurs avec un incomparable éclat.

François Hallier ne nous appartenait pas par la naissance. Il était originaire de Chartres et sa venue en ce monde se place aux environs de 1595. A peine avait-il terminé ses premières études[52] qu'il entrait comme page chez la princesse douairière d'Aumale. On le remarquait déjà, malgré sa jeunesse, parce qu'il composait des poésies latines et françaises qui n'étaient pas sans mérite. Il quitta cette situation pour faire ses cours de philosophie et de théologie. Lorsqu'il eut obtenu sa licence, il fut chargé, par le marquis de Villeroy, de mener à bien l'éducation de son fils, le jeune Ferdinand de Neufville, celui-là même qui devait mourir évêque de Chartres, après avoir passé treize ans sur le siège de Saint-Malo. François Hallier accompagna son élève au cours de divers voyages en Angleterre[53], en Grèce et en Italie. Il eut l'occasion, au cours de son séjour à Rome, d'approcher le pape Urbain VIII, qui fut frappé de l'étendue et de la sûreté de son savoir. Le pape songea à le faire évêque[54] et même, en 1643, cardinal. Des brigues et des raisons d'état empêchèrent ces projets d'aboutir[55]. François Hallier rentra donc en France. Il était devenu docteur en Sorbonne. Il fut bientôt nommé

51. HERMANT, *loc. cit.*, I, p. 17 : « C'était un homme qui avait plus de lecture et d'érudition que la plupart des docteurs de ce temps-là ; mais qui, ayant la mémoire heureuse, s'y fiait quelquefois plus qu'il n'eût été à souhaiter et voulait qu'elle lui fournît d'elle-même ce qu'il avait lu en lui épargnant la peine d'avoir recours à ses livres. »

52. « Le débris des affaires de sa famille fut cause qu'on le retira des études pour l'attacher à la pratique ; mais il s'y sentoit trop peu de penchant pour y réussir. » MORÉRI, *Dictionnaire*, IV, p. 487. Hallier professa à Paris n'étant âgé que de seize ans.

53. « La chute de sa perruque l'ayant fait reconnaître à Londres pour prêtre, il courut risque d'être assassiné. » MORÉRI, *Ibid.*, p. 487.

54. A deux reprises, Hallier fut nommé à l'évêché de Toul. MORÉRI, *Ibid.*, p. 488.

55. Le dessein du pape « étoit de faire deux cardinaux pour la science, l'un françois, l'autre espagnol ». Mais le chapeau destiné à M. Hallier passa « sur la tête du commandeur de Valencey, général des troupes de la sainte église, qui pour lors étoit un homme à ménager ». MORÉRI, *loc. cit.*, IV, p. 488.

professeur de théologie à la célèbre Faculté[56] et les difficultés commencèrent pour lui.

Le jésuite Cellot venait de publier son livre sur la *Hiérarchie et les Hiérarques*[57]. La faculté de théologie de Paris avait failli condamner le livre[58]. Seule l'intervention du cardinal de Richelieu évita la censure. Mais, hélas ! elle ne put empêcher l'ouvrage d'être mis à l'*Index*. L'Assemblée du Clergé de 1642 censura l'ouvrage avec des notes flétrissantes et chargea François Hallier de le réfuter[59]. La situation était embarrassante. Le docteur de Sorbonne avait des amitiés solides et importantes au sein de la Compagnie de Jésus[60]. Il obéit néanmoins au désir de l'Assemblée et publia une réfutation du Père Cellot[61] qui réussit à lui assurer des ennemis dans les deux camps[62].

56. En 1645, Hallier devait succéder, comme syndic de la Faculté de Théologie de Paris, au célèbre Nicolas Cornet. Les grands de ce monde le recherchaient. « Le cardinal de Richelieu, qui souhaita de l'avoir comme confesseur (Nicolas Cornet avait refusé d'accepter cette fonction délicate), et le cardinal Barberini, neveu d'Urbain VIII, voulant l'attacher auprès d'eux, lui offrirent des pensions, qu'il refusa pour ne point s'engager. M. de Lescot, évêque de Chartres, le fit théologal de son Eglise, emploi que sa santé l'obligea de quitter au bout d'un an. » MORÉRI, *loc. cit.*, IV, p. 488.

57. *De hierarchia et hierarchicis libri IX*, Rouen, 1641, in-fol. L'ouvrage était dirigé contre le *Petrus Aurelius* de Saint-Cyran.

58. Je traiterai ce chapitre dans mon travail sur le Jansénisme à Rennes, à cause du rôle prépondérant joué à cette occasion par Mgr de la Mothe-Houdancourt.

59. L'assemblée de 1637 avait voté à François Hallier une pension de huit cents livres pour son traité *De sacris ordinationibus ex antiquo Ecclesiae ritu*, qui est considéré comme son chef-d'œuvre.

60. Il était en particulier ami du père Jacques Dinet (1580-1653), confesseur des rois Louis XIII et Louis XIV. Cf. HERMANT, *loc. cit.*, I, p. 203. — De plus il avait hésité, affirment les jansénistes, à prendre parti du premier coup en cette querelle. Cf. SAINTE-BEUVE, *Port-Royal*, I, p. 109* et 542. Il fut récompensé d'ailleurs de sa décision, car « il eut l'avantage d'être le premier défenseur de la cause de l'Eglise dans cette importante conjoncture ». HERMANT, *loc. cit.*, I, p. 17. — Cf. SAINTE-BEUVE, *Port-Royal*, II, p. 157* ; III, p. 19*, 13, 109*, 592 et seq. ; V, p. 555.

61. *Défense de la hiérarchie ecclésiastique et de la censure de la faculté de théologie de Paris*, 1631.

62. HERMANT, *loc. cit.*, I, p. 161 : « Le père Cellot « blâmait M. Hallier d'ignorance et de bévue... » Il « lui avait dit mille injures » et « conserva encore longtemps contre lui une animosité particulière ». *Ibid.*, I. p. 204 et 472. — Un autre jésuite poursuivit également M. Hallier, plusieurs années après. En 1644, un factum, daté de Rennes, paraissait avec ce titre : *Information de la doctrine de M. F. Hallier, en attendant celle de ses mœurs qui suivra bientôt, afin de hâter les bulles de son évêché.* Ce brocart était anonyme.

En 1645, Hallier fut promoteur de l'Assemblée du Clergé et en remplit les fonctions avec éclat [63].

Sept ans plus tard, il reprenait le chemin de Rome [64]. Il était accompagné de MM. Joisel et Lagaut, docteurs de Sorbonne [65]. Il venait solliciter du pape Innocent X la condamnation définitive des cinq propositions et c'est à sa prière que fut publiée la bulle *Cum occasione* [66].

63. *Biographie universelle*, XIX, p. 347.

64. Sur ce voyage, cf SAINTE-BEUVE, *Port-Royal*, III, p. 13.

65. Sur l'élection de F. Hallier comme syndic de la Faculté de Paris, cf. *Journal de Saint-Amour*, 1re partie, ch. XIII, p. 13, 14, 15 ; 2e partie, ch. VII, p. 60. Fin de son syndicat, *Ibid.*, p. 555 : « M. Hallier se déposa du syndicat par un compliment d'actions de grâces qui n'eut rien de bon que sa seule brièveté, car il était assez méchant harangueur. Comme il s'agissait de lui donner un successeur, les disciples de saint Augustin se trouvèrent malheureusement partagés. » A ce moment, Hallier devient l'ennemi des jansénistes : « M. Hallier ne put s'empêcher de leur dire que si on écrivait contre lui, il les pousserait à bout et ferait publier contre eux des choses abominables. Et comme ils lui avaient fait représenter quelques extraits des lettres qu'il avait écrites au P. Mulard (un de ses parents qu'il avait envoyé à Rome), il répondit qu'ils étaient d'effroyables gens, qu'ils allaient prendre ses lettres lorsqu'elles étaient mises à la poste ; qu'il irait à Rome et que là il ferait connaître leurs maximes abominables et leurs desseins pernicieux. »

66. *Journal de Saint-Amour*, 4e partie, ch. III ; 5e partie, ch. II. COSTE, *loc. cit.*, IV, p. 400, 422 (saint Vincent lui souhaite bon succès), p. 534 (le félicite) ; IV, p. 610 (le félicite des résultats acquis) ; VIII, p. 530 (l'aide pécuniairement); IV, p. 609, Hallier envoie à saint Vincent un exemplaire de la bulle; p. 610-613, le renseigne sur la condamnation de Jansénius. HERMANT, *loc. cit.*, I, p. 302, 585, 620 ; II, p. 250, 270, 288, 290, 324, 327, 353, 362, 377, 389, 509, 511. Il serait évidemment très intéressant de donner le récit détaillé du séjour de François Hallier dans la Ville éternelle. Mais, on le comprend aisément, le cadre étroit réservé à l'archidiacre de Saint-Malo en ce chapitre serait promptement débordé. Signalons seulement quelques épisodes plus importants. HERMANT, II, p. 40. Un écrit paraît, intitulé : *Jansenius a Thomistis condemnatus*. Le père Annat s'en attribue la paternité à Paris et Hallier fait de même à Rome. « Ces deux personnes autrefois extrêmement opposées, et depuis unies par le lien du molinisme, s'attribuaient le même écrit, l'un à Rome, en le présentant au Pape et aux Consulteurs, l'autre à Paris. ». — *Ibid.*, p. 74. On essaie de convaincre Hallier que les cinq propositions, prises en un certain sens, peuvent passer pour orthodoxes. Celui-ci se refuse à toute transaction. — P. 167, entrevue du Pape et du docteur Hallier au sujet de la censure des cinq propositions. — P. 174 : « M. Hallier et ses collègues étaient demeurés (à Rome) pour attendre des nouvelles de France touchant le bon ou le mauvais succès de la constitution, afin de pouvoir réparer une partie du mal si elle y eût été mal reçue. » — P. 212-217, ch. XXV : *Calomnies répandues dans Rome par les Jésuites, par M. Hallier et ses collègues contre les amis des autres docteurs qui y avaient été députés par quelques évêques.* — P. 221 et seq., ch. XXVII : *Le pape donne audience à M. Hallier et à ses collègues.* In fine : « Il n'était nullement étrange que M. Hallier, qui avait commencé ses sollicitations à Rome par des calomnies, finit son ministère par des impostures et qu'en abusant de l'opinion dans laquelle il était d'homme peu artificieux, il répandit jusque dans les oreilles de Sa Sainteté le venin dont son cœur était rempli. »

En 1655, il était député par la province de Tours à l'Assemblée du Clergé [67].

L'heure de la retraite avait sonné pour lui. Bien qu'il fût accablé d'infirmités [68], le pape, au cours d'un voyage à Rome en 1656, lui remit des bulles qui le préconisaient évêque de Cavaillon [69].

Il arriva dans son lointain diocèse au début de l'année 1658, « après s'être muni de témoignages très avantageux de la part du clergé de France et avoir reçu mille écus du roi pour les frais de son voyage [70] ». Il mourut à Cavaillon l'année suivante, accablé d'une paralysie et autres maladies compliquées « qui lui firent oublier tout ce qu'il avait su, même jusqu'à l'oraison dominicale [71] ». Il laissait de nombreux ouvrages, imprimés et manuscrits [72].

67. GUILLOTIN DE CORSON, *Pouillé...*, I, p. 662. — *Recueil des Actes, Titres, Mémoires...*, I, col. 269, François Hallier, archidiacre de Saint-Malo, signe le 2 septembre une *Lettre écrite à N. S. P. le Pape par les Prélats du Royaume de France assemblés à Paris, sur le sujet des cinq propositions condamnées par Sa Sainteté.* — *Actes des Assemblées du Clergé*, IV, p. 452 : « M. Hallier a toujours rendu au clergé des services très considérables, lorsqu'il a été député aux assemblées et par les divers livres qu'il a composés. »

68. Il avait sollicité l'archevêché d'Aix, affirme HERMANT, et ne put l'obtenir. *Mémoires*, II, p. 530 et seq.

69. HERMANT, *loc. cit.*, III, p. 130 et seq. — Cavaillon (chef-lieu de canton du département de Vaucluse) devint, vers le V^e siècle, siège d'un évêché.

70. MORÉRI, *loc. cit.*, IV, p. 488. — *Assemblées du Clergé, Procès-verbaux*, IV, Pièces justificatives, p. 145 : « *Hallerum ab omni gloriae temporalis et dignitatis ardore frigentem...* » Une lettre est signée par toute l'Assemblée pour remercier le pape de cette nomination. Ce dont Hermant se montre peu satisfait : « M. de Narbonne, en qualité de président de l'assemblée, lui dit que la Compagnie ayant toujours eu beaucoup d'estime pour sa personne, il devait être persuadé qu'elle avait aussi beaucoup de déplaisir de voir que sa santé ne lui permettait pas de demeurer plus longtemps dans l'assemblée... (Celle-ci) voulant reconnaître les services qu'il avait rendus au Clergé, lui donna la somme de trois mille livres et résolut de faire imprimer ses livres et d'écrire à Sa Sainteté une lettre de recommandation en sa faveur, laquelle M. l'abbé Berthier fut prié de dresser..... On pouvait dire que (M. Hallier) ne servait pas le clergé gratuitement. » HERMANT, *loc. cit.*, III, p. 131. — Protestations semblables dans l'*Abrégé de l'histoire ecclés.*, de l'abbé Racine, XI, p. 103.

71. Cf. HERMANT, *loc. cit.*, III, p. 135, 266, 300 et seq. ; IV, p. 254 : « M. Hallier, évêque de Cavaillon, était devenu tellement stupide qu'il avait perdu entièrement l'usage de la parole, ne s'exprimant plus que par des signes et ne pouvant plus écrire son nom, état déplorable d'un théologien célèbre qui, ayant fait toutes choses pour arriver à la prélature, n'était devenu évêque que pour faire déplorer à tout le monde la misère et l'infirmité humaines dans sa chute et dans sa confusion. » — SAINTE-BEUVE, *Port-Royal*, VI, 294*,

VI. — Mgr de Neufville ne se contenta pas d'encourager le docteur Hallier dans ses luttes en faveur de l'orthodoxie. Il publia lui-même un mandement remarquable contre le jansénisme. Ce morceau débute ainsi : « Comme la paix est le plus grand bien que Jésus-Christ ait laissé à son Eglise en montant au ciel, c'est aussi celui que le diable, père de discorde, a toujours tâché, avec le plus de fureur, de lui ravir, soit par les schismes, les hérésies qui l'ont agitée dans tous les siècles, soit par la diversité des opinions entre les docteurs catholiques, qui ne peuvent longtemps partager les esprits sans partager les cœurs... [73] ».

Mgr de Neufville entoura de sa bienveillance le séminaire de Saint-Méen [74] et ses rapports avec saint Vincent de Paul furent empreints de la plus parfaite urbanité [75], malgré un léger incident qui surgit au cours des derniers mois passés par l'évêque à Saint-Malo [76].

En 1657 [77], il fut transféré à Chartres [78]. Mgr François de Villemontée lui succéda.

cite le Journal de Des Lions, p. 592 : « Tous ceux qui ont choqué la vérité pour faire fortune ont perdu l'esprit, le bon sens et l'honneur, témoin M. Hallier qui est devenu imbécile de sens aussitôt qu'il est devenu évêque. » — Sur la mort du prélat, cf. HERMANT, *loc. cit.*, IV, p. 3.2. SAINTE-BEUVE, *Port-Royal*, II, p. 157*, et III, p. 593.

72. La liste s'en trouve dans la *Biographie universelle*, XIX, p. 347, et surtout dans MORÉRI, *Dictionnaire*, IV, p. 488.

73. B. ROBIDOU, *loc. cit.*, p. 62, donne le début de ce mandement. Je ne connais pas de dépôt d'archives contenant cette pièce. La Bibliothèque Nationale ne la possède pas.

74. COSTE, *loc. cit.*, III, p. 58, 99, 131.

75. *Ibid.*, IV, p. 492, et VI, p. 343.

76. Cf. COSTE, *loc. cit.*, V, p. 632, lettre à Louis Serre, du 14 juin 1656 : « Vous me mandez que Mgr de Saint-Malo s'est plaint doucement à vous de ce que nous aurions reçu en la Compagnie quelques-uns de ses diocésains. Il ne faut pas pour cela, monsieur, laisser de recevoir ceux qui se présenteront si vous les jugez propres et bien appelés. N'est-il pas raisonnable que la Compagnie lui fournissant des prêtres pour son séminaire et pour les missions, elle en prenne de son diocèse, aussi bien que des autres, quand Dieu les envoie ? »

77. Saint Vincent de Paul continua de correspondre avec lui et sollicita son appui en Cour de Rome. Cf. COSTE, *loc. cit.*, VI, p. 344, lettre de Paris, 6 juillet 1657, à Edme Jolly, supérieur à Rome : « Mgr de Saint-Malo, à présent évêque (nommé) de Chartres, m'a néanmoins dit qu'il était encore à Rome. Si cela est, je vous prie de lui faire un renouvellement des offres de mon obéissance et de l'assurer de nos prières pour sa conservation. Il pourrait bien nous aider à obtenir de notre Saint Père la confirmation de l'érec-

VII. — C'était un magistrat[79], marié et père de trois enfants. « S'étant séparé de sa femme[80], il fut ordonné prêtre, et Louis XIV le nomma évêque de Saint-Malo en 1658. Il s'intéressa plus aux débats du jansénisme qu'aux affaires de son diocèse[81]. »

« Aussi ne fut-on pas étonné que le pape Alexandre VII le nommât — peut-être sur le désir du roi — l'un des neuf commissaires désignés par le bref du 22 avril 1667[82] dans l'affaire des quatre évêques qui refusaient obstinément de souscrire et de faire souscrire sans réserve dans leur diocèse le formulaire que tous leurs autres collègues de l'épiscopat — à la demande du Saint-Siège — avaient purement

tion du séminaire de Saint Malo et de notre établissement en l'abbaye de Saint-Méen. Les religieux de Saint-Maur, appuyés du parlement de Rennes, nous y ont fort troublés et Mgr l'évêque, par l'autorité du roi et de son conseil, nous y a maintenus. Mais tôt ou tard ces bons Pères feront de nouveaux efforts pour nous en chasser. C'est pourquoi l'autorité du Saint-Siège affermirait notre droit... Si Mgr de Cavaillon n'est pas parti, vous lui en pouvez parler. » Mgr de Cavaillon est l'ancien archidiacre de Saint-Malo, François Hallier.

78. Cf. HERMANT, *loc. cit.*, IV, p. 36, 417, 690 ; V, p. 68, 398 ; VI, p. 517.

79. Issu d'une famille noble d'Auvergne ou du Poitou, né à Paris en 1598, du seigneur de Villemontée, conseiller d'Etat ordinaire. Devient conseiller au Parlement de Paris, maître des requêtes, puis conseiller d'Etat ; nommé au siège de Saint-Malo en septembre 1657 (GUILLOTIN DE CORSON, *Pouillé...*, I, p. 604, dit 1658). Les bulles, qui existent encore au fonds de l'évêché de Saint-Malo, sont datées du 10 novembre 1659. Est sacré à Paris, dans l'église des Jésuites, le 29 juin 1660. Appelé dans la capitale par les affaires de son diocèse, il y meurt le 16 octobre 1670 (ou le 18, selon M. Saulnier).

80. Une demoiselle de la Farre, nommée Philippine, d'une ancienne maison de Flandre.

81. B. POCQUET DU HAUT-JUSSÉ, *Hist. de Bret.*, V, p. 572. — Albert LE GRAND, *Vies des Saints*, p. 184*. — SAULNIER, *Un Prélat au XVIIe siècle. François de Villemontée, évêque de Saint-Malo, sa femme et ses enfants*, Mém. de la Soc. Archéol. d'Ille-et-Vilaine, XXXII, 1903. — *Carrés d'Hozier*, à la Bibliothèque Nationale, cabinet des titres, nº 637. — *Nobiliaire universel de France*, par SAINT-ALLAIN, IX, p. 181. — CHERUEL, *Lettres du cardinal de Mazarin*, VIII, p. 721. — TALLEMANT DES RÉAUX, *Historiettes*, édit. Monmerqué, Paris, 9 vol. in-8º, tome IV. (Cet auteur fait preuve d'une hostilité personnelle contre l'évêque de Saint-Malo). — BOYER DE SAINTE-SUZANNE, *Les Administrateurs sous l'Ancien Régime*, p. 234 et seq., Monaco, in-8º, 1875. — *Gallia Christ.*, XIV, col. 1013.

82. Tous les auteurs s'accordent à louer le zèle et l'orthodoxie de Mgr de Villemontée. « Quoique nous sachions peu de chose de ses actes épiscopaux, nous pouvons dire qu'il laissa le souvenir d'un prélat exact, fidèle à sa haute mission et dévoué aux intérêts spirituels de ses diocésains. » SAULNIER, *loc. cit.*, p. 122. — « Nommé par le Pape commissaire pour les affaires du jansénisme en France, ce prélat s'acquitta de cette commission avec autant de lumière que de sagesse. » GUILLOTIN DE CORSON, *Pouillé...*, I, p. 604.

et simplement accepté et revêtu de leurs signatures[83]. L'évêque de Saint-Malo ne chercha pas à se dérober à ce devoir qui s'imposait à lui, si pénible qu'il pût être. Il l'eût rempli dans toute son étendue si la mort du pape, qui suivit de près, et la soumission des récalcitrants, provoquée par de laborieux pourparlers, n'avaient empêché la Commission de se réunir en tribunal. La paix dite de Grégoire IX[84] rendit Mgr de la Villemontée à ses ouailles[85]. »

Cet épisode a été relaté avec beaucoup de détails dans le monument élevé à la gloire du jansénisme auquel Dom Clémencet donna pour titre : *Histoire générale de Port-Royal*[86]. On y lit « qu'il n'a pas dépendu de l'évêque de Saint-Malo que la Commission ne se constituât et qu'il était disposé à faire son devoir jusqu'au bout[87] ».

Le Roi avait fait demander à Alexandre VII, par son ambassadeur, des commissaires pour faire le procès des quatre prélats. Le Pape répondit qu'il avait songé à nommer l'Archevêque de Paris tout seul, « afin que, comme simple exécuteur, il intimât auxdits quatre Evêques, que, dans le terme de deux mois, ils eussent à souscrire le formulaire purement et simplement ». Le Pape ajoutait « qu'il étoit près de députer trois Evêques en qualité de simples exécuteurs ; mais il refusa d'en nommer douze. »

Deux brefs furent expédiés de Rome le 22 avril 1667. Le premier était adressé aux archevêques de Toulouse et de

83. Ces quatre évêques étaient Pavillon, d'Alet ; Arnauld, d'Angers ; Buzenval, de Beauvais, et Caulet, de Pamiers. Sur cette affaire, cf. J. BESOIGNE, *Histoire de l'abbaye de Port-Royal, avec la vie des quatre évêques*, 1756, 8 vol. in-12.

84. Lisez *Clément*.

85. P. SAULNIER, *op. cit.*, p. 123. — OGÉE, *Dictionnaire*, II, p. 809. — B. ROBIDOU, *loc. cit.*, II, p. 63 : « Le Pape nomma Mgr de Villemontée commissaire pour aviser aux moyens d'éteindre le Jansénisme en France. Le prélat y mit du zèle et, chose plus rare, de la sagesse. » Contrairement à son habitude, l'auteur cite une référence, d'une manière fort vague, il est vrai : *Mémoire du clergé*, I, p. 323-328.

86. 1755-1757, 10 vol. in-12, Amsterdam, chez Jean Vanduren. Titre complet: *Histoire générale de Port-Roïal depuis la Réforme de l'Abbaïe jusqu'à son entière destruction.*

87. Tome VI, p. 324 et seq. — Cf. également *Abrégé des Actes, Titres et Mémoires...*, I, col. 316.

Bourges, aux évêques de Lavaur, de Mende, de Soissons, de Lodève, de Dol, de Saint-Malo et de Lombez. « Il commettoit, en vertu de l'autorité apostolique, ces neuf prélats, afin qu'ils eussent à ordonner aux quatre évêques de retirer leurs mandemens des mains de tous leurs Diocésains... Dans le deuxième bref, le pape commet ces neuf prélats pour enjoindre aux quatre évêques, dans trente jours, après la signification qui leur seroit faite de ce bref, de souscrire et de faire souscrire dans leurs diocèses le formulaire, purement et simplement [88]. »

Mgr de Villemontée eut la joie de voir Alexandre VII, en 1658, terminer l'épineuse affaire de la sécularisation du monastère de Saint-Méen. Les Lazaristes, malgré l'opposition des Bénédictins de Saint-Maur, étaient définitivement installés dans l'abbaye. C'était un triomphe pour les adversaires du jansénisme [89].

Mgr de Villemontée mourut à Paris, au cours d'un voyage, comblé de gloire et d'honneurs [90].

88. Dom CLÉMENCET, *loc. cit.*, p. 325 et seq.

89. GUILLOTIN DE CORSON, *Pouillé de Rennes*, III, p. 473. — Cf. COSTE, *loc. cit.*, Approbation de l'union, VII, p. 204. Texte des Bulles, XIII, p. 387. — Opposition du procureur des Bénédictins à leur expédition, VII, p. 147. — Fulmination des Bulles, VII, p. 396. Malgré l'érection du séminaire, la mense abbatiale subsista. Il y eut des abbés jusqu'en 1789.

90. En 1660, il avait reçu des lettres de conseiller honoraire des parlements de Paris et de Rennes. « Il eut aussi, avec l'agrément de Louis XIV, le titre de conseiller honoraire au parlement de Bretagne. » TRESVAUX, *loc. cit.*, p. 245. — Le prélat fut aimé de son peuple, « sa bonté ne tarda pas à lui gagner l'affection de ses diocésains. Il montrait tant d'aménité dans ses relations avec les Malouins, qu'on disait de lui qu'il vivait comme un père avec ses enfants. Il gouverna son troupeau avec beaucoup de sagesse et de zèle ». *Ibid*, p. 245. — En 1664, il procure un nouveau monastère aux Dominicains de Dinan. Les Bénédictins de Saint-Maur lui doivent leur établissement à Saint-Malo. Le 7 avril 1670, il procède, en grande pompe, à la translation des reliques de saint Malo. *Ibid.*, p. 245. — Nous possédons, chose rare en Bretagne, une iconographie très complète de Mgr de Villemontée. Portraits gravés par J. Morin, d'après Philippe de Champaigne ; par R. Lochon ; par Mellan (1660, en vêtements épiscopaux) ; par M. Lasne, 1663 ; par M. Pittau. Dans l'ouvrage de M. Saulnier, reproductions intéressantes des gravures de Lochon, p. 108, et de Pittau, p. 119, avec fac-simile de la signature du prélat. SAULNIER, *loc. cit.*, p. 124 et seq. — Dans l'église de La Gouesnière (Ille-et-Vil.), Mgr de Villemontée figure, en suppliant, dans un tableau de l'Assomption placé au-dessus du maître-autel. Cf. GUILLOTIN DE CORSON, *Pouillé...*, IV, p. 665.

VIII. — L'abbé Sébastien du Guémadeuc fut appelé à lui succéder [91]. On ne peut affirmer que ce prélat joua un rôle considérable dans « les affaires du temps ». Aucun mandement doctrinal signé de sa main ne nous est parvenu. Son attention était évidemment tournée vers d'autres horizons. La correspondance qu'il entretint avec Colbert et les ministres nous montre combien il s'intéressa à la *Révolte du Papier timbré* [92]. « S'il était de mœurs irréprochables, il avait un caractère léger. » Les querelles théologiques l'intéressaient moins que les questions discutées aux Etats de Bretagne [93]. Sans prendre à la lettre un mot cruel que lâcha à son sujet la plume de la marquise de Sévigné [94], on peut dire que, dans les assemblées du clergé auxquelles il assista [95], il eut surtout pour règle, comme toujours,

91. Fils de Thomas du Guémadeuc, gouverneur de Ploermel. Fait ses études à Paris. Devient à Rennes archidiacre du Désert (cf. GUILLOTIN DE CORSON, *Pouillé...*, I, p. 178), aumônier de la reine Anne d'Autriche, abbé de Saint-Jean-des-Prés (*Gallia Christiana*, XIV, col. 1031, *ab anno* 1650), docteur de la maison de Navarre, agent général du clergé (1665), évêque de Lavaur (1670), nommé évêque de Saint-Malo en 1671 (*Gallia Christ.*, XIV, col. 1013), sacré le 5 juillet de cette année par Mgr de Harlay, dans la chapelle du château de Vincennes. Il fut comblé de bénéfices au cours de son épiscopat et reçut l'abbaye de Notre-Dame de la Noë, au diocèse d'Evreux, les prieurés d'Iffendic, de Saint-Martin-de-Sigy, de Saint-Aubin-de-Guérande. Il n'oublia pas sa famille et plaça à la tête du prieuré du Mont-Cassin, à Josselin, érigé par ses soins en abbaye, sa sœur tout d'abord et une de ses nièces ensuite. Son neveu, le marquis de Guémadeuc, obtint la place importante de gouverneur du château de Saint-Malo. Au cours de cet épiscopat, la cité des corsaires fut, à deux reprises, attaquée et bombardée par les Anglais, le tout sans succès. Cf. *Pouillé...*, I, p. 604 et seq. — TRESVAUX, *L'Eglise de Bret.*, p. 243 et seq. — POCQUET DU HAUT-JUSSÉ, *Histoire de Bret.*, V, p. 476, 485.

92. POCQUET DU HAUT-JUSSÉ, *loc. cit.*, V, p. 490, 492, 513. — BOISLISLE, *Correspondance des contrôleurs généraux avec les intendants*, I, p. 260. — DEPPING, *Correspondance administrative de Louis XIV*, I, p. 551. — LEMOINE, *La Révolte du papier timbré*, p. 179 et 198.

93. POCQUET DU HAUT-JUSSÉ, *loc. cit.*, V, p. 538, 542. — Mme DE SÉVIGNÉ, *Lettres*, édit. Monmerqué, IX, p. 267, 299, 305, 314. — L. DE LA BRIÈRE, *Madame de Sévigné en Bretagne*, p. 288. — LETACONNOUX, *Les Relations du Pouvoir central et de la Bretagne*, p. 41 et seq.

94. « M. de Saint-Malo, qui est Guémadeuc, et sur le tout une linotte mitrée, a paru aux Etats transporté et plein des bontés du roi et surtout des honnêtetés particulières qu'il a eues pour lui, sans faire nulle attention à la ruine de la province qu'il a apportée agréablement avec lui. » *Lettres*, IV, p. 238, 242, 250, 259, 265, 280, 293.

95. En qualité d'agent du clergé, il assiste à l'assemblée de 1656 et, le 2 septembre, signe la lettre écrite au Pape par les prélats du royaume, au sujet des cinq propositions. Cf. *Abrégé des Actes, Titres, Mémoires...*, I, col. 969 : Signature de Sébastien de Guémadeuc, abbé de Saint-Jean-des-Prés. En

« d'être agréable au roi et de servir le pouvoir ». Il s'unit à Mgr de la Mothe-Houdancourt pour obtenir de l'assemblée de 1656 la suppression de l'éloge de Saint-Cyran au *Gallia christiana*[96]. Ce geste lui valut de prendre place dans un pamphlet en vers lancé par les jansénistes et cité par Hermant[97] :

« *Pour vous Bonzi, Couvrant, Guémadeuc, Roquépine,*
*L'on ne vous voit jamais qu'opiner de travers.*
*Esclaves sans honneur, Apollon vous destine,*
*Etant si corrompus, de vous livrer aux vers*[98]. »

A l'assemblée du clergé de 1680, comme en 1682, M. de Saint-Malo figurait comme député du premier ordre. Mais toute son activité se concentra sur des affaires d'ordre temporel[99].

Un acte du prélat, dans son administration épiscopale, présente au contraire une signification très nette. Mgr du Guémadeuc fut, en deux circonstances, le protecteur déclaré des Lazaristes qui dirigeaient le Séminaire de Saint-Méen. « En 1686, Edme Jolly, supérieur, se plaignit à l'évêque de Saint-Malo de la modicité des revenus de cette maison, ne montant alors qu'à environ 4.900 livres de rente et des charges trop lourdes acceptées par saint Vin-

qualité d'évêque. OGÉE, *Dictionnaire*, II, p. 809, affirme que « Sébastien de Guémadeuc assista aux assemblées du clergé en 1680, 1682 et 1685 ». Cette dernière assertion est fausse. Les prélats délégués par la province de Tours étaient François de Coëtlogon, évêque de Quimper, et Louis La Vergne Montenart de Tressan, évêque du Mans. Cf. *Procès-verbaux des Assemblées du Clergé*, V, p. 557.

96. HERMANT, *Mémoires*, III, p. 132.

97. *Ibid.*, p. 429.

98. En cette même page, deux vers présentent pour nous quelque intérêt :
*Mais la bravoure à bas ; chacun pense à la trêve,*
*Dès qu'on fait retentir aux oreilles Paimpon.*

Une note d'Hermant nous fait connaître qu'il s'agit là de l'abbaye de Brocéliande. Serait-il impossible que l'abbé ici mis en cause, Bernard de Sariac (*Pouillé*..., II, p. 684), fût favorable aux idées jansénistes ? Il avait introduit la réforme de Sainte-Geneviève en son abbaye vers 1649, et cela n'est-il pas également un indice ? Nous allons trouver bientôt le Jansénisme solidement établi à l'abbaye de Saint-Jacques à Montfort, maison de Génovéfains.

99. *Procès-verbaux des Assemblées*..., V, p. 291, 297, 309, 321.

cent en 1645. Le prélat, écoutant favorablement ces plaintes, n'obligea plus les Lazaristes qu'à recevoir cinq clercs gratuitement et cinq autres clercs payant demi-pension. Il fut aussi convenu que la Congrégation enverrait dix prêtres à Saint-Méen, six employés au séminaire et quatre faisant les missions, ayant avec eux six frères servants. Un peu plus tard, en 1702, le même prélat unit à son séminaire la cure de Saint-Jean de Saint-Méen, et depuis lors le Supérieur du séminaire fut en même temps recteur de la paroisse [100]. »

Mgr de Guémadeuc mourut en son manoir épiscopal de Saint-Malo-de-Beignon [101] le 2 mars 1702, à l'âge de soixante-quinze ans. Il fut inhumé au pied du maître-autel, dans la petite église où trônent encore au fond du rétable les statues de saint Malo et de saint Vincent [102]. Sur une dalle à demi effacée, on distingue encore l'épitaphe et les armoiries du prélat [103].

Mgr de Guémadeuc avait gouverné pendant trente ans l'Eglise de Saint-Malo. « Il avait paru quelquefois dans son diocèse [104] » et mérité qu'on portât sur lui un jugement favorable. « Doué d'un esprit vif, il avait acquis des connaissances... Sa prudence lui avait concilié l'estime de personnes considérables... » On vanta toujours « la régularité de ses mœurs ». Tels furent sans doute les points que développa le jour des obsèques, en prononçant l'orai-

100. GUILLOTIN DE CORSON, *Pouillé de Rennes*, III, p. 473.

101. Cf. *Pouillé de Rennes*, I, p. 618, et Mgr LAVEILLE, *Gabriel Deshayes*, in-8°, Paris, 1924, p. 12 et seq. — Mgr de Guémadeuc fit rebâtir ce château ; mais, en 1743, Mgr de la Bastie détruisit l'œuvre de son prédécesseur et éleva les constructions correctes, mais froides, qui subsistent encore... jusqu'à nouvel ordre. Il est fort possible, en effet, que ce village si pittoresque de Saint-Malo-de-Beignon perde d'ici peu tout ce qui lui donne tant de caractère. Le parc et les jardins plantés par les prélats malouins ont un touchant cachet de vieille France : mais cela rapporte si peu !

102. Evêque d'Aleth, patron du diocèse ; diacre, martyrisé à Sarragosse, titulaire de la cathédrale de Saint-Malo.

103. Cf. GUILLOTIN DE CORSON, *Pouillé...*, I, p. 605, et VI, p. 822. — J. LE MÉNÉ, *Histoire des paroisses du diocèse de Vannes*, I, p. 53 et seq. — OGÉE, *Dictionnaire*, II, p. 830.

104. POCQUET DU HAUT-JUSSÉ, *Hist. de Bret.*, V, p. 572.

son funèbre de Mgr de Guémadeuc, un religieux Carme dont le nom nous est demeuré inconnu[105].

IX. — Les contemporains du prélat remarquèrent moins le brevet d'orthodoxie qui lui fut indirectement donné par l'autorité royale, lorsque celle-ci choisit le château-fort de Saint-Malo pour en faire un dépôt de prisonniers jansénistes. Sans doute, pourrait-on répondre, la solidité des murailles construites en dur granit fut bien pour quelque chose dans cette élection. C'est évident : mais jamais la justice souveraine n'eût placé des gens condamnés pour leurs idées théologiques dans un diocèse où le jansénisme eût été prédominant[106].

Le premier de ces prisonniers fut un prêtre, l'abbé Michel Allory. Une lettre de Colbert avertit le gouverneur, M. de Sainte-Marie, qu'un prisonnier « de marque » lui serait envoyé dans le courant de janvier 1675 « pour une détention pleine de sécurité[107] ». Toutes les précautions furent prises et Michel Allory entra au château de Saint-Malo le 16 janvier, à cinq heures du soir, entre un brigadier et un cavalier de la maréchaussée[108]. Ce prêtre était

105. TRESVAUX, *L'Eglise de Bretagne*, p. 244.

106. « Les dossiers des Ordres du Roi nous font connaître, dans presque toutes les généralités, des affaires ayant trait au Jansénisme et nous révèlent les noms de beaucoup d'ecclésiastiques, prêtres ou religieux, qui furent l'objet de réprimandes, de poursuites disciplinaires, de condamnations judiciaires, de lettres d'exil ou de cachet, en raison de leur attitude ou de leurs opinions. Toute proportion gardée, il semble que le nombre des Jansénistes enfermés plus ou moins longtemps, en vertu d'ordres du Roi, soit moins considérable en province qu'à Paris. 250 Jansénistes furent embastillés de 1659 à 1771. Dans les provinces, les internements dans les maisons de force apparaissent plus rares : trois au Mont Saint-Michel... » E. DUPONT, *La Bastille des Mers*, ch. V, *Les Jansénistes au Mont-Saint-Michel*, p. 183 et seq.

107. Etienne DUPONT, *Le château de Saint Malo et ses prisonniers*, dans les *Annales de la Société histor. et archéolog. de Saint-Malo*, 1925, p. 53 et seq. Description du château de Saint-Malo, p. 53 à 60.

108. *Arch. d'Ille-et-Vilaine*, Registres de Sépultures de Saint-Malo de l'Isle, 1685. — M. Allory eut la gloire de figurer dans le *Supplément au Nécrologe de Port-Royal*. Cf. le *Nécrologe des plus célèbres défenseurs et confesseurs de la Vérité au XVII^e siècle*, s. l., MDCCLXI, 5 vol. à la Nationale, coté Ld³ 62. On lit à la page 215 de cet ouvrage, tome I : « M. Michel Allauri, Prêtre, menoit une vie bien ecclésiastique dans la Paroisse de Saint-Gervais, à Paris, où il étoit habitué. Mais sa conduite et ses sentimens le firent bientôt passer pour Janséniste. Les ennemis de la Grâce de Jésus-Christ souffrant impa-

soupçonné d'avoir écrit des libelles contre les évêques. « Quoique âgé et infirme, il fut traqué comme une bête fauve ; il était obligé de se cacher pour célébrer les saints mystères. Un habile inspecteur de police, le sieur Desgrez, fut lancé à ses trousses. On retrouva bientôt la trace d'Allory après une messe qu'il avait dite à l'église Saint-Gervais, à Paris, le jour sainte Geneviève (3 janvier), à cinq heures du matin. Il fut arrêté le surlendemain... M. de Sainte-Marie reçut l'abbé Allory avec beaucoup d'égards... (Le prisonnier) ne fut pas autorisé à écrire ni même à recevoir de lettres ; on lui permit quelquefois de sortir en ville sous la conduite d'un soldat... Le lieutenant du roi recevait, à titre d'indemnité, pour la pension du prêtre, 180 livres par trimestre [109]. » Evidemment, le prisonnier vivait dans une austérité qui eût édifié Port-Royal.

Il devait rester dix ans moins quinze jours au donjon de Saint-Malo. Il y mourut le 3 janvier 1685 [110].

Le château du duc Jean IV, au cours de l'épiscopat de Mgr de Guémadeuc, eut également l'honneur de compter un chanoine parmi ses hôtes. Ce dignitaire, « vieillard à

tiemment dans leur voisinage ce fidèle disciple de saint Augustin obtinrent en 1678 contre lui une lettre de cachet, en vertu de laquelle il fut arrêté et conduit au château de Saint-Malo. Pendant sept ans qu'il y fut détenu, il demeura toujours ferme dans la vérité. Ses vertus et ses souffrances lui acquirent l'estime et la vénération de tous les gens de bien de la ville. Il mourut martyr de la vérité le 3 janvier 1685. Messieurs de la Cathédrale se firent un devoir de l'enterrer dans leur Eglise où il repose devant la porte du Chœur. »

109. E. DUPONT, *loc. cit.*, p. 63 et seq.

110. PARIS-JALLOBERT, *Anciens Registres paroiss. de Bretagne*, Saint-Malo, IV, Rennes, in-8°, 1904, p. 1 : *Allory*, Michel, inhumé dans la cathédrale le 30 janvier 1685. On le voit, il y a une divergence avec la date donnée par le *Nécrologe janséniste* et celle que cite M. Dupont. Je ne puis croire que l'on garda le cadavre de Michel Allory pendant 27 jours au donjon de Saint-Malo. M. Dupont pense que le vieux janséniste « était venu à résipiscence » et « qu'on l'inhuma dans l'église cathédrale pour lui faire honneur ». Je n'en crois rien. Les jansénistes étaient difficilement convertissables et le traitement infligé à ce vieillard n'était guère de nature à le faire tomber dans un molinisme exagéré. « Le clergé malouin, continue M. Dupont, lui avait, depuis longtemps, rouvert ses bras, mais le roi s'était, « lui, montré plus sévère que l'Eglise : il ne lui avait pas rouvert ses portes ». Je ne demande pas mieux que de croire à la mansuétude du clergé malouin. Mais j'avoue ne pouvoir me faire une conviction sans des preuves nombreuses et solides. Les discussions théologiques engendraient alors des inimitiés si tenaces !

longue barbe blanche », fit son entrée au donjon dans les premiers jours de juillet 1684. Un exempt, accompagné de deux cavaliers de la maréchaussée, l'était allé cueillir à la Bastille. Le prisonnier y était incarcéré depuis le 19 juin 1683[111]. A son arrivée, il fut l'objet d'une surveillance spéciale. Sur sa demande, on lui permit d'entendre la messe et on lui désigna un confesseur[112]. Le chanoine incarcéré s'appelait Jean Lenoir[113]. Il était théologal du chapitre de Séez[114] et en difficultés avec son évêque[115]. Le prélat « avait dénoncé le chanoine comme hérésiarque à l'archevêque de Rouen. Celui-ci approuva son suffragant. Lenoir, furieux, s'adressa au roi qui, pour toute réponse, le fit enfermer à La Flèche », chez les Jésuites, puis à Vannes et enfin à la Bastille, le 5 mars 1682. « Louvois ne cacha pas le plaisir qu'il éprouvait en apprenant cette mesure. Il écrivait de Strasbourg, le 2 juillet 1683 : « J'ai vu avec beaucoup de joie que M. Lenoir, théologal, est à la Bastille : le gibet ne perd jamais ses droits[116]. »

Le 25 avril 1684, après une instruction compliquée, Lenoir fut condamné aux galères perpétuelles. Seignelay écrivait à de la Reynie qu'à son avis, la prison suffirait[117]. Ce même jour, le malheureux chanoine « fit amende honorable devant Notre-Dame, nu-pieds, en chemise, la corde au col[118] ». On le dirigea de Paris vers Saint-Malo[119] où il

111. E. DUPONT, *loc. cit.*, p. 64. — *Ibid.*, portrait physique du prisonnier.

112. *Ibid.*, p. 65, Lettres de Seignelay au gouverneur du château et à l'évêque de Saint-Malo, du 25 juillet et du 26 septembre 1684.

113. Bibliothèque de l'Arsenal, *Bastille*, 12474, 12716, 12725-10337, 10388.

114. Comme Michel Allaury, il a sa notice insérée dans le *Nécrologe des plus célèbres défenseurs et confesseurs de la Vérité au XVIIe siècle*, in-12, MDCCLXI, p. 268 et seq. L'article est tiré de MORÉRI, *Histoire du Jansénisme*, I. On lit à la page 269 : « Les Jésuites aidèrent M. de Medavi (évêque de Séez. Lenoir l'avait nommé dans un de ses écrits l'*Evêque de Cour*) à se débarrasser de lui... » Mais cette histoire reste obscure. Lenoir ne dut pas être condamné aux galères perpétuelles uniquement pour cause de jansénisme.

115. Il avait eu aussi le tort de composer une chanson un peu leste contre l'archevêque de Paris.

116. E. DUPONT, *loc. cit.*, p. 66.

117. Lettre du 4 mai 1684.

118. Compte rendu de cette cérémonie dans l'article de M. DUPONT, *loc. cit.*, p. 67.

119. Le *Nécrologe* mentionne également, page 269, sans donner plus amples

demeura six mois, jusqu'à la mi-février 1685. Il fut ensuite transféré à Brest, puis à Nantes, et mourut dans cette dernière ville le 22 avril 1692.

A la même époque, un autre ecclésiastique, inculpé dans une affaire de livres suspects, fut également enfermé au donjon de la Duchesse-Anne. C'était un Oratorien, nommé Du Breuil, curé de Sainte-Croix-Saint-Ouen de Rouen, qui avait failli devenir Général de la Société fondée par le cardinal de Bérulle [120]. Il fut d'abord mis en prison à Rouen, dans le Vieux Palais, puis transféré à la Bastille, en novembre 1683. Il vint de là sur la Côte d'Emeraude. « Il vécut à Saint-Malo d'une manière qui édifioit extraordinairement tous ceux qui le connaissoient et sa conversation si charmante luy attiroit l'amitié d'un grand nombre de personnes. Mais cet applaudissement général choqua ceux qui luy en vouloient. Et l'on obtint un nouvel ordre pour le faire transférer ailleurs [121]. » Nous connaissons l'itinéraire de cette translation : Saint-Malo, Brest, l'île d'Oléron, Alais dans les Cévennes. C'est là que mourut l'Oratorien janséniste en 1696.

détails, un séjour du chanoine Lenoir à Fougères, en prison, naturellement. Je suppose que le théologal de Séez dut loger au château.

120. Le cardinal PERRAUD, dans son ouvrage sur *L'Oratoire de France*, ne parle pas de du Breuil.

121. *Mémoires de Pierre Thomas, sieur du Fossé*, publiés par F. Bouquet, Rouen, *Société de l'Histoire de Normandie*, MDCCCLXXIX, in-8°, IV, p. 214 et seq. — SAINTE-BEUVE, *Port-Royal*, III, p. 256 ; IV, p. 70 ; V, p. 331 et seq. — Je ne dis rien de l'abbé Couret. M. E. DUPONT, *loc. cit.*, p. 69, a expliqué qu'il n'avait pas été « resserré pour jansénisme, comme on le croit communément », mais parce qu'il avait pris parti pour le Pape contre Louis XIV en composant une *Réponse aux manifestes qui ont paru contre la Cour de Rome*.

## II

### Mgr Desmaretz se montre favorable aux jansénistes (1705-1719).

---

I. La bulle *Vineam Domini* (1705). — II. Condamnation des *Réflexions morales* (1708). — III. Le Père de Montfort évangélise le diocèse de Saint Malo. Incident de Bréal sous-Montfort (1707). — IV. Fondation du Séminaire de Saint-Servan (1712). — V. Mgr Desmaretz condamne les *Réflexions morales*, mais refuse de recevoir la bulle *Unigenitus* (1714). — VI. Il fait appel au sujet de la bulle (1718). — VII. Son Chapitre le suit dans cette voie (1718). — VIII. Le clergé séculier et régulier fait également appel (1718). — IX. Mgr Desmaretz approuve l'*Instruction pastorale* du cardinal de Noailles (1719). — X. Quelques laïques réagissent avec vigueur, entre autres M. de la Garaye.

Mgr de Guémadeuc eut pour successeur sur le siège de Saint-Malo Vincent-François Desmaretz [1], neveu du grand Colbert et frère du ministre d'Etat. Ce prélat fut tout d abord capitaine aux gardes ; mais après avoir servi pendant quelques années sur terre et sur mer, il entra dans l'Église et devint successivement chanoine de Rouen, grand-vicaire de Pontoise, prieur de Saint-Louis et de Nogent-le-Rotrou, agent général du clergé. Louis XIV le nomma à l'évêché de Saint-Malo le 15 avril 1702 [2]. Il devait occuper ce poste jusqu'à l'âge de 82 ans [3].

Mgr Desmaretz avait « travaillé quelque temps dans les missions et s'y était fait remarquer par sa piété, son zèle et ses connaissances théologiques ». Tout semblait donc

1. Fils de Jean Desmaretz, intendant de Soissons, et de Marie Colbert, sœur du célèbre ministre.

2. Il fut sacré le 17 septembre suivant.

3. Sur ce prélat, cf. POCQUET DU HAUT-JUSSÉ, *Histoire de Bretagne*, V, p. 553 et seq., 604 et seq. ; VI, p. 7, 19, 25, 173, 194, 208. — GUILLOTIN DE CORSON, *Pouillé*..., I, p. 605. — Albert LE GRAND, *Vies des Saints de Bretagne*, p. 184*. L'orthographe du nom de l'évêque a étrangement varié. Je choisis celle qui figure à la fin des mandements du prélat. On peut la croire officielle.

4. *Gallia Christ.*, XIV, col. 1016 : *Laudatur ab his, ab illis vituperatur ut qui Jansenii sequacibus patrocinatus sit ; quam ob rem et ob alia minoris momenti acerba lis inter eum et capitulum Macloviense fuit. His de dissidiis multus apud Ogée sermo.*

faire présager au nouvel élu un épiscopat des plus tranquilles, lorsque le jansénisme vint là aussi jeter la désunion[4]. Mgr Desmaretz avait demandé au cardinal de Noailles d'être son consécrateur. Or, ce prélat, « homme sans caractère, soutenait les novateurs, parmi lesquels on comptait surtout les Oratoriens[5]. Le choix que le nouveau prélat fit pour son sacre de l'église de Saint-Magloire, desservie par les Pères de l'Oratoire, était assez significatif et montrait qu'il partageait les opinions nouvelles. En effet, dès son arrivée dans le diocèse de Saint-Malo, il favorisa ouvertement les jansénistes[6] et s'associa à divers actes de rébellion, auxquels se portèrent quelques évêques égarés. Cette conduite coupable produisit des fruits amers dans un pays qui jusqu'alors avait conservé la foi dans toute sa pureté. Une partie du clergé et des fidèles fut infestée du venin de l'hérésie...[7] »

Il nous reste à étudier en détail cet épiscopat mouvementé, sur lequel on n'a guère publié jusqu'à ce jour que les lignes qui précèdent.

I. — Mgr Desmaretz arrivait à Saint-Malo dans des circonstances difficiles. L'affaire du *Cas de Conscience* battait son plein. Aucun incident n'avait fait autant de bruit depuis la paix clémentine (1668). Le 12 février 1703, un bref du pape Clément XI condamnait une décision d'ordre théologique émise par quarante docteurs de Sorbonne[8]. Un

5. Cardinal PERRAUD, *L'Oratoire de France au XVIIe et XIXe siècle*, p. 228 et seq. Le général était à ce moment le Père de la Tour, futur appelant. Il succédait au Père de Sainte-Marthe, janséniste obstiné.

6. « Il faut l'avouer toutefois, cet homme, si estimable d'ailleurs et si judicieux, eut le malheur de se laisser entraîner par un parti condamné depuis longtemps et de donner les mains aux jansénistes. Exemple funeste, qui devint contagieux dans son diocèse où l'hérésie se propagea rapidement. » *Biographie des Malouins célèbres, nés depuis le XVe siècle jusqu'à nos jours*, par M. F. G. P. B. MANET, prêtre, chef d'institution de la même ville. Saint-Malo, H. Rottier, 1824, in-8º, p. 377.

7. TRESVAUX, *Eglise de Bretagne*, p. 245 et seq.

8. Cf., sur cet incident : *Mémoires pour servir à l'histoire ecclésiastique*, I, p. 21 et seq. — MOURRET, *loc. cit.*, VI, p. 453 et seq. — L. BERTRAND, *Histoire littéraire de la Compagnie de Saint-Sulpice*, III, p. 122 et seq. — SAINTE-BEUVE, *Port-Royal*, VI, p. 168 et seq.

grand nombre d'évêques s'étaient déjà déclarés contre cette *consultation* janséniste et dix-huit d'entre eux devaient publier des mandements pour la condamner [9]. Les disciples de Jansénius ne se laissèrent pas convaincre et se retranchèrent derrière le *silence respectueux*. Clément XI, voulant leur ôter l'usage de ce dernier subterfuge, se décida à donner, le 15 juillet 1705, la bulle *Vineam Domini* qui renouvelait les condamnations portées par ses prédécesseurs Innocent X et Alexandre VII, et exigeait que les fils de l'Eglise regardassent comme hérétique le sens du livre de Jansénius, sans se contenter de garder sur tout cela un respectueux silence [10]. « Sous le voile de cette trompeuse doctrine, disait le pape, on ne quitte point l'erreur, on ne fait que la cacher ; on couvre la plaie, au lieu de la guérir ; on n'obéit pas à l'Eglise, mais on s'en joue. Bien plus, quelques-uns n'ont pas craint d'affirmer qu'on peut licitement souscrire le formulaire, quoiqu'on ne juge pas intérieurement que le livre de Jansénius contienne une doctrine hérétique ; comme s'il était permis de tromper l'Eglise par un serment et de dire ce qu'elle dit sans penser ce qu'elle pense. »

Une décision si précise ne força point les jansénistes dans leurs derniers retranchements. A force d'arguties et de subtilités, ils prétendirent qu'elle ne signifiait rien.

Le 2 août 1705, le roi avait adressé la bulle *Vineam Domini* à l'assemblée du clergé qui se tenait à Paris [11].

9. En particulier Fénelon. Son *Instruction pastorale* est de 1704. Cf. *Œuvres*, édit. Gosselin, II, p. 105 et seq.

10. *Bullarium*, édit. Mainardi, Rome, 1755, p. 148, et seq. — L. MENTION, *Documents relatifs aux rapports du clergé avec la royauté* (en France), 1682-1789, in-8°, Paris, 1893-1903. — SAINTE-BEUVE, *Port-Royal*, VI, p. 174-et seq.

11. Albert LEROY, *La France et Rome*, de 1700 à 1715, in-8°, Paris, 1891, p. 787 de la *Bibliographie*. Cf. également le *Recueil des Actes des Assemblées du Clergé*, VI, col. 841 : « L'Assemblée accepte et reçoit avec respect, soumission et unanimité parfaite, la Constitution de N. S. P. le Pape Clément XI. Elle écrira à Sa Sainteté une lettre de congratulation et de remerciements. Elle écrira aussi une lettre circulaire à tous Mgrs les Evêques du Royaume pour les exhorter à recevoir et à faire publier ladite Constitution dans leurs Diocèses par des Mandemens simples et uniformes, autant qu'il se pourra et pour cet effet de ne rien ajouter ni diminuer à la Constitution. » — Cf. également BOURLON, *loc. cit.*, p. 117, 123 et seq., p. 349 et seq.

Après deux discours du cardinal de Noailles, président, et de M. Colbert, archevêque de Rouen [12], l'assemblée arrêta qu'elle recevait le document pontifical « avec respect, soumission et unanimité ». Le 1<sup>er</sup> septembre, la faculté de Paris suivit cet exemple. La bulle fut enregistrée et envoyée aux évêques qui donnèrent successivement des mandements [13] pour la faire publier [14].

II. — Trois ans plus tard, le 13 juillet 1708, le pape Clément XI porta un décret censurant les *Réflexions morales sur le Nouveau Testament*, du P. Quesnel, « comme conformes à la version [15] condamnée par Clément IX le 20 avril 1668, et comme contenant des notes et des réflexions qui, à la vérité, ont l'apparence de la piété, mais qui conduisent artificiellement à l'éteindre et qui offrent fréquemment une doctrine et des propositions séditieuses, téméraires, pernicieuses, erronées, déjà condamnées et sentant manifestement l'hérésie janséniste [16]. »

Le livre des *Réflexions morales* allait renouveler dans l'Eglise, au cours du XVIII<sup>e</sup> siècle, le trouble que l'*Augustinus* y avait apporté au début de la querelle janséniste. L'ouvrage avait paru pour la première fois en 1671. Ce n'était alors qu'un petit volume, portant comme titre : *Abrégé de la morale de l'Evangile, ou Pensées chrétiennes sur le texte des quatre évangélistes*. Le livre, en cet état, ne contenait que de courtes gloses sur les Evangiles. Il était muni de l'approbation de M. Vialart, évêque de Châlons-sur-Marne.

Huit ans plus tard, un second volume paraissait, qui ren-

12. Janséniste obstiné.

13. Je n'ai pu retrouver celui de Mgr Desmaretz.

14. Les évêques de Senez et de Montpellier, jansénistes notoires, publièrent la bulle. Seul, l'évêque de Saint-Pons écrivit un mandement pour justifier *le silence respectueux*.

15. Cette version était celle de Mons. Sur le succès prodigieux qu'obtint cette traduction à son apparition, cf. SAINTE-BEUVE, *Port-Royal*, IV, p. 378.

16 *Mémoires pour servir à l'histoire ecclésiastique*, I, p. 59 et seq. — *Histoire du Livre des Réflexions morales*, I, p. 12 et seq. — GAZIER, *loc. cit.*, I, p. 236.

fermait les Actes des Apôtres et le reste du Nouveau Testament, toujours avec des réflexions fort courtes. L'auteur travaillait sans cesse à retoucher et à augmenter son œuvre. En 1693, le mince ouvrage publié vingt ans plus tôt s'était transformé en quatre gros volumes in-8°. Il portait toujours l'approbation donnée par M. Vialart, bien que celui-ci fût mort en 1680. Avec plus de fondement, on y avait joint celle de son successeur, M. de Noailles. Ce prélat voyait, dans les *Réflexions morales*, « tout ce que les Pères ont écrit de plus beau et de plus touchant sur le Nouveau Testament ».

Tout le monde ne partageait pas cependant cet enthousiasme. En 1694, un docteur de Sorbonne relevait dans l'ouvrage plus de deux cents propositions dignes de censure. M. de Colongue, évêque d'Apt, censurait le livre des *Réflexions* en 1703 ; l'archevêque de Besançon et l'évêque de Nevers renouvelèrent ce geste en 1707. Le pape Clément XI ne fit donc que se joindre à eux l'année suivante, quand il reprochait à Quesnel de renouveler les erreurs de Jansénius, « sous un vernis de dévotion qui servait de voile à des principes faux, quelquefois même à des satires[17] ».

III. — La voix de Mgr Desmaretz ne fit pas écho à celle du Souverain Pontife. Il est permis de croire qu'une partie de son clergé en fut peinée. Plusieurs recteurs, en effet, jugeaient bon, précisément à cette époque, d'appeler pour évangéliser leurs paroisses l'un des plus déterminés adversaires du mouvement janséniste dans l'ouest de la France, le célèbre prédicateur Louis-Marie Grignion de Montfort[18].

L'inlassable missionnaire donna, à partir de 1707, des

17. Sur cet épisode, cf. les *Histoires de l'Eglise* de MOURRET, de MARION, etc. Sur l'auteur lui-même, voir le livre de Mme Albert LE ROY : *Un janséniste en exil. Correspondance de Pasquier Quesnel*, 2 vol. in-8°, Paris, 1900. — On trouvera aussi beaucoup de renseignements sur cette question dans l'ouvrage de BARTHÉLEMY, *Le cardinal de Noailles*, in-8°, Paris, 1888.

18. L'un des derniers biographes du P. de Montfort, Mgr LAVEILLE, a donné à la fin de son ouvrage une bio-bibliographie très complète du prédicateur populaire. Cf. *Le B. L.-M. Grignion de Montfort*, in-8°, Paris, 1907, p. 549 et seq.

missions à Dinan, Bécherel, Baulon [19], Le Verger, Merdrignac, Saint-Suliac. Il se retira, vers la fin de cette année, aux portes de sa ville natale, dans l'ermitage de Saint-Lazare [20].

L'un des recteurs de Montfort, celui de Saint-Jean, invita le Père de Montfort à donner une mission à ses fidèles. Le prédicateur avait rêvé d'ériger, pour clôturer les exercices, un calvaire monumental sur la butte féodale qui s'élevait près du château. Les préparatifs furent poussés assez loin : mais un ordre donné par le duc de la Trémoille, seigneur de Montfort, vint tout arrêter [21]. Presque tous les biographes du missionnaire ont prétendu, sans en donner de preuves, que cette mesure était due aux influences jansénistes [22].

Il est absolument prouvé qu'à une époque plus tardive, le Père de Montfort n'était pas l'homme des jansénistes [23].

19. Et non pas *Beaulou*, comme l'a écrit par erreur Mgr Laveille. Sur tout cet épisode, cf. *loc. cit.*, p. 249 et seq. A noter que le Père de Montfort évangélisa également, à cette époque, des paroisses des diocèses de Vannes et de Saint-Brieuc.

20. Cf. Abbé HERVÉ, *L'ermitage de Saint-Lazare et le B. Grignion de Montfort*, in-8°, Rennes, 1922, p. 14 et seq.

21. Sur cet épisode, cf. LAVEILLE, *loc. cit.*, p. 270 et seq., et l'abbé HERVÉ, *loc. cit.*, p. 17.

22. « Ce haut personnage, de famille protestante et de tendances jansénistes, écrit Mgr Laveille, avait été poussé à cet acte d'arbitraire par des ecclésiastiques gagnés à la secte. Désormais, l'influence janséniste s'attachera aux pas du P. de Montfort pour attaquer ses œuvres, les décrier et les détruire. » Faisons remarquer que Mgr Laveille ne donne absolument aucune preuve du *jansénisme* du duc de la Trémoille. Quant aux tendances protestantes de la famille, elles ne sont pas non plus prouvées. Depuis un demi-siècle, les la Trémoille n'appartenaient plus à la religion prétendue réformée. Ils l'avaient abandonnée si complètement qu'ils ne donnèrent aucune aide, en 1685, à leurs anciens coréligionnaires de Vitré, pas même à la princesse de Tarente. Un point à signaler en dernier lieu : c'est que l'érection du calvaire projeté endommageait considérablement la motte féodale, dont la conservation, aux yeux du duc de la Trémoille, présentait une grande importance, à cause des droits seigeuriaux dont il jouissait à Montfort. Le missionnaire et lui pouvaient, sur ce terrain, difficilement s'entendre. — Sur la tradition populaire qui s'est conservée à Montfort touchant cet épisode, cf. abbé HERVÉ, *loc. cit.*, p. 17, et LAVEILLE, *loc. cit.*, p. 272.

23. Cf. *Nouvelles Ecclés.* du 17 juillet 1746, p. 116 : « Les nouveaux apôtres qu'on a désignés sous leur nom vulgaire de *Mulotins* ne reconnoissent point d'autre nom aujourd'hui que celui de *Frères ou Prêtres du Saint-Esprit*. Le sieur Mulot est leur chef et ils ont eu pour Instituteur un prêtre de Basse-Bretagne nommé Grignion, plus connu sous le nom de *Montfort*, qui s'étoit

En était-il de même en 1712? Une mesure prise par Mgr Desmaretz semblerait l'indiquer[24]. Il défendit au missionnaire de prêcher et de confesser dans son diocèse.

consacré aux Missions, avec une ardeur extraordinaire. Ses courses sont célèbres en Bretagne. Mais, comme la prudence n'accompagnoit pas le petit nombre de ses talens, ses pieuses extravagances ont eu besoin d'être arrêtées quelquefois par le Ministère public. Il mourut il y a 30 ans, en faisant la Mission à Saint-Laurent-sur-Sèvre... Depuis longtems, il avoit formé le projet d'établir deux Congrégations, l'une de Prêtres, sous le titre de la *Compagnie de Marie*, sur le modèle de la *Compagnie de Jésus*, et l'autre de filles, sous leur direction, avec le grand nom de *Sœurs de la Sagesse*. Ses disciples, à qui il laissa pour principal héritage un zèle et une ignorance sans bornes, ont travaillé depuis sur le même plan. Pour honorer son tombeau, ils y ont attiré pendant longtems un assez grand concours, en publiant partout de prétendus miracles. Mais ils lui ont rendu un honneur plus solide, en faisant de cet endroit leur chef-lieu, pour eux et pour leurs chères filles, spécialement destinées au service des Hôpitaux et à faire les petites écoles. Le petit bourg de Saint-Laurent se trouve par là décoré de l'établissement de cet Ordre mixte. Il n'y paroit cependant pas que la Compagnie de Marie ait autant prospéré que les Sœurs de la Sagesse, qui se sont répandues en plusieurs provinces. Les chefs de cette petite république, en affectant un grand désintéressement, passent avec fondement pour avoir la meilleure bourse de tout le païs. Ils ont obtenu à Rome de fameuses Indulgences, mais, en France, on leur a refusé des Lettres-Patentes. Aussi il a fallu abandonner le beau projet d'être les émules de la Compagnie de Jésus. Cette portion des Prêtres du Saint Esprit est spécialement occupée aux Missions et dévouée également aux Jésuites et à la Bulle. On y fait profession du zèle le plus outré. » — Le *Supplément jésuitique*, 1747, p. 99, dit, en revanche : « Sur la fin de l'année, M. Mulot, homme vraiment apostolique, et ses dignes Associés firent ici (à la Roche-Bernard, diocèse de Nantes) une Mission des plus édifiantes, qui fut applaudie de tous les bons catholiques et qui a produit de grands fruits dans la ville et aux environs. » D'après une lettre du 8 avril 1747.

24. J'hésite à être plus affirmatif, en face de l'absence de preuves. L'histoire du Père de Montfort repose trop souvent sur la tradition populaire, c'est-à-dire sur une base qui n'est pas d'une solidité à toute épreuve. Je renvoie ceux qui trouveraient ce jugement trop sévère aux ouvrages que l'érudition de M. l'abbé HERVÉ a consacrés, autant que sa piété, au célèbre missionnaire. Dans le travail intitulé trop modestement *Notes sur la famille du B. Grignion de Montfort*, in-8°, Rennes, 1927, 83 p., mon confrère et ami prouve, entre autres choses, que jusqu'à ces dernières années on ne connut guère l'orthographe véritable du mot *Grignion*, pas plus que le nombre exact des frères et des sœurs du Bienheureux. Voir également, dans l'autre opuscule de M. Hervé, p. 10 et seq., le fameux épisode de la visite à la mère Andrée. Comment, après cela, accepter sans hésiter le dialogue entre le missionnaire et l'évêque de Saint-Malo, reconstitué de toutes pièces par Mgr Laveille ? Que dire aussi d'affirmations vagues comme celles-ci : « La secte comptait dans le diocèse nombre d'ecclésiastiques influents », alors qu'on n'en nomme pas un seul. L'opposition n'était-elle pas fortement organisée, comme on le prouvera par la suite ? Une autre affirmation de Mgr Laveille est celle-ci : Mgr Desmaretz était « toujours en lutte avec ses chanoines qui l'accusaient de jansénisme ». Que le Chapitre de Saint-Malo fût en lutte avec son évêque plus souvent qu'il n'eût fallu, la chose n'est pas douteuse. Mais était-ce bien sur le terrain indiqué ? Comment expliquer alors que tous les membres du corps capitulaire, à l'exception de trois, suivirent le prélat dans la voie de l'appel contre la bulle *Unigenitus* ?

« Mais voici que, peu après, le recteur de Bréal, missire Henry Hindré, ancien doyen de Montfort, vint trouver le prélat pour lui demander de permettre à M. Grignion de donner la mission chez lui. Ignorant complètement ce qui venait de se passer, le recteur de Bréal fut fort étonné de la décision de l'évêque. Mais il prit si bien la défense de l'homme de Dieu que le prélat, regrettant déjà sa trop prompte défense, accéda à sa demande[25]. » « Bien plus, par un revirement providentiel, le même Mgr Desmaretz, qui venait de sermoner si vertement le pauvre missionnaire, l'autorisa séance tenante à prêcher toutes les fois qu'il serait invité par un curé[26]. »

La permission ne fut pas rapportée. Au cours de l'année 1708, le Père de Montfort prêcha à Romillé, Breteuil, Talensac, Landujan et Médréac[27]. Toutefois, pendant les mois qui suivirent, un orage fut encore sur le point d'éclater. « Les rancunes jansénistes, affirme Mgr Laveille, s'émurent à nouveau et, pour la seconde fois, on intrigua auprès de Mgr Desmaretz, afin d'éloigner le séducteur qui attirait tout à lui. Ayant récemment accordé au missionnaire des pouvoirs étendus, l'évêque n'entendait pas se déjuger au point de l'interdire tout à fait. Il ne donna donc

25. Abbé HERVÉ, *L'ermitage de Saint-Lazare*, p. 19. — TRESVAUX, *Vies des Saints de Bretagne*, in-8°, Paris, 1839, V, p. 351.

26. JAC, *Le B. Grignion de Montfort*, in-12, 1903, p. 112. — Il est permis de conclure de l'attitude de l'évêque que la sévérité de sa décision avait été provoquée plus par des récriminations violentes que par suite d'insinuations sur le terrain théologique. En tout cas, le prélat ne se montre pas là tel que le dépeint sommairement Mgr Laveille : « ancien officier de caractère batailleur ». Le temps passé à l'armée par Mgr Desmaretz avait été fort court. Sans mériter l'épithète de « trembleur » qu'un autre historien, M. Leroy, lui décernera, l'évêque de Saint-Malo ne se montre jamais, au cours de ces années agitées, comme un foudre de guerre. Il est bien plutôt un diplomate avisé. En tout cas, son caractère s'améliora sensiblement avec l'âge, surtout lorsque la bulle *Unigenitus* fut acceptée et promulguée au diocèse de Saint-Malo. Le *Supplément jésuitique* écrivait lors de la mort du prélat : « Ses aimables qualités, sa droiture, sa candeur, *son affabilité, sa douceur*, sa tendre et efficace charité, son zèle pour la religion et l'exacte régularité de ses mœurs le font justement regretter de son troupeau. » *Année 1739*, p. 177. Ce texte est également cité par TRESVAUX, *Eglise de Bretagne*, p. 247, en note.

27. Il n'est pas possible de fixer avec certitude la date de l'incident de Bréal-sous-Montfort. Cf. abbé HERVÉ, *L'ermitage de Saint-Lazare*, p. 19, n. 10.

qu'une demi-satisfaction à ses ennemis, en lui défendant de prêcher à Saint-Lazare et partout ailleurs que dans les églises paroissiales [28]. » Le Père de Montfort donna une retraite aux jeunes filles de la paroisse de Saint-Jean, dont le curé n'avait cessé de l'estimer. Puis il quitta sa ville natale. Son apostolat dans le diocèse de Saint-Malo était terminé sans retour [29].

IV. — Le 15 juillet 1710, MM. de Lescure et de Champflour, évêques de Luçon et de La Rochelle, publièrent une Instruction pastorale portant condamnation du livre de Quesnel, contre laquelle le cardinal de Noailles lança un mandement. Mgr Desmaretz garda le silence.

Mais il dut, en revanche, susciter un profond étonnement et un mécontentement plus grand encore parmi les rangs des jansénistes en ouvrant à Saint-Servan, le 12 mars 1712, un nouveau séminaire dont il confia la direction aux disciples de saint Vincent de Paul [30].

Ce n'était pas un projet conçu avec précipitation qui

28. LAVEILLE, *loc. cit.*, p. 276.

29. Les méthodes du Père de Montfort déplaisaient fort aux Jansénistes. Elles furent conservées par les *Mulotins* appliqués aux Missions. « Ils tâchent, par le groupe comique de leurs processions, de représenter en petit les Bridaines, les Duplessix... S'ils sont en ce point des copies peu exactes de leurs originaux, ils ne les égalent que trop, malheureusement, sur le dogme et la morale, et dans la dispensation des choses saintes dont ils font, sous les auspices de la bulle *Unigenitus*, une horrible profanation. Dans presque tous les endroits où ils passent, dans les campagnes même les plus reculées, on parle des Jansénistes et le peuple demeure persuadé, par les discours de ces calomniateurs publics, que ceux contre lesquels ils déclament ne croient ni à l'Eucharistie, ni à la Sainte Vierge, ni au Pape et qu'il faut les regarder comme des Huguenots. Ce sont là des exploits dont les nouvelles troupes auxiliaires des Jésuites se glorifient. » *Nouvelles Ecclés.*, 14 juillet 1746, p. 117.

30. « Au mois de septembre 1707, des lettres-patentes du roi approuvèrent « le projet de Mgr des Maretz, évêque de Saint-Malo, de fonder une maison en la paroisse de Saint-Servan sous le titre de Séminaire des pauvres clercs, dans laquelle seront reçus les pauvres clercs de son diocèse qui n'ont pas le moyen d'aller faire leurs études dans les collèges, à l'effet d'y être aidés, s'ils ont un peu de bien, et d'être pourvus en tous leurs besoins, s'ils n'en ont point, jusqu'à ce qu'ils soient employés au service de l'Eglise ». Le Parlement de Bretagne enregistra ces lettres-royales le 4 juillet 1708. Le 26 avril 1710, Mgr des Maretz acheta des administrateurs de l'Hôtel Dieu de Saint-Malo la métairie de la Fosse, en Saint-Servan, pour y construire son Séminaire. » GUILLOTIN DE CORSON, *Pouillé de Rennes*, III, p. 476.

prenait ainsi corps [31]. Depuis cinq ans, l'évêque mûrissait son plan de fondation. Il savait quelles étaient les idées théologiques de Jean Bonnet, supérieur des Prêtres de la Mission [32]. Ces idées furent d'ailleurs manifestées, avec une aveuglante clarté, au cours de l'Assemblée générale de 1711 [33]. Et c'est à de tels adversaires du jansénisme que, par une décision étrange, l'évêque de Saint-Malo confiait la formation des futurs prêtres de son diocèse ! Le 16 avril 1712, tout était définitivement réglé entre Mgr Desmaretz et le chef de « Messieurs de Saint-Lazare ». Le 11 mai suivant, Charles Dadouville, supérieur du séminaire de Saint-Méen, prit possession, au nom de la Congrégation, du séminaire de Saint-Servan [34].

31. Voir, aux Archives départementales d'Ille-et-Vilaine, les accords conclus entre les Lazaristes et le prélat. « La Congrégation de la Mission enverra à Saint-Servan trois prêtres, dont l'un sera directeur du séminaire et les deux autres travailleront avec lui » à instruire sur la piété et enseigner les humanités et la philosophie, le chant et les cérémonies de l'Eglise et à faire pratiquer aux jeunes clercs tous les exercices que l'Evêque prescrira. La Congrégation entretiendra deux frères pour le service de la maison ; elle ne pourra recevoir gratuitement aucun élève sans l'assentiment de l'évêque. « De son côté, Mgr des Maretz s'engagea à payer une rente de 2.000 livres aux supérieur et directeurs du séminaire et à solder les pensions de tous les clercs qu'il ferait recevoir gratuitement. »

32. COSTE, *La Congrégation de la Mission*, p. 96 : « Jean Bonnet fut supérieur général pendant vingt ans. En cette période troublée par les luttes jansénistes, les difficultés ne lui manquèrent pas. Il en eut de redoutables et il en vint à bout, à force d'intelligence et de fermeté. Grâce à lui, la Compagnie ne fut pas infectée par le virus janséniste... »

33. COSTE, *Ibid.*, p. 80.

34. « D'après la tradition, ce fut avec des fonds offerts à Mgr des Maretz par les Malouins, navigateurs dans les mers du Sud, que ce prélat construisit les bâtiments de son Petit-Séminaire. La chapelle en fut commencée en 1715, comme l'indique cette date apparaissant encore sur la porte principale, mais elle ne fut bénite que le 21 septembre 1719 par Charles Dadouville, qui quitta Saint Méen pour devenir supérieur de Saint-Servan. Il la dédia à la sainte Trinité et à saint Vincent de Paul... Les prêtres de la Mission furent chassés de Saint-Servan en 1792, peu de temps après l'émigration de l'évêque, Mgr de Pressigny, qui était venu passer sa dernière nuit dans sa maison de campagne, située près du séminaire. On vendit nationalement le mobilier de cet établissement charitable et l'on fit des bâtiments d'abord un hôpital, puis une caserne, qui existe encore, portant le nom de caserne de la Concorde... Il est intéressant de visiter l'ancien séminaire de Saint-Servan. Au-dessus du portail d'entrée, on lit encore cette inscription : *Seminarium Sancti Vincentii congregationis Missionis*. La chapelle formait le rez-de-chaussée du corps principal de logis. L'enclos, descendant jusqu'au bord de la mer, est magnifique avec ses grands arbres séculaires. Tout à côté s'élève l'ancien palais épiscopal, ayant sa cour particulière, ses remises et autres dépendances. Il est

V. — Mgr Desmaretz, ami des fils de M. Vincent, n'avait cependant renoncé à aucun de ses principes touchant le mouvement janséniste. On le vit plus attaché que jamais à ses idées lors de la promulgation de la constitution *Unigenitus Dei Filius*, le 8 septembre 1713. Cent une propositions tirées du livre de Quesnel étaient solennellement condamnées. La lutte allait devenir plus âpre que jamais et la bulle fameuse serait désormais la forteresse suprême de l'orthodoxie, défendue avec une indéfectible énergie et combattue avec une âpreté sans bornes [35]. L'évêque de Saint-Malo, ainsi que ses collègues de l'opposition, fit connaître au Pape et au Roi sa manière de voir dès le début de l'année suivante, à l'occasion de l'Assemblée du Clergé qui tenait à Paris ses assises.

Trois documents, qui ne sont pas de la main même de Mgr Desmaretz, nous indiquent clairement, comme les pages confidentielles écrites par le prélat à ses intimes, quelles étaient à ce moment, au sujet de la bulle *Unigenitus*, ses dispositions arrêtées. Ce sont trois lettres, qui furent signées par les évêques associés au cardinal de Noailles dans son acte d'appel.

La première est intitulée : *Lettre des huit Evêques au Pape Clément XI sur la Constitution du 8 septembre 1713 commençant par* Unigenitus [36] :

« Nous prions et conjurons Votre Sainteté de pourvoir, par une sage et salutaire prévoïance, que votre Constitution n'ait pas autant d'interprètes que d'Evêques et même de Théologiens. Vous prévoïez facilement les suites facheuses qui arriveroient dans l'Eglise par cette multitude et cette diversité d'interprétations. Vous les détournerez aisément, avec la grâce du Ciel, si par votre charité paternelle, vous nous écoutez favorablement. »

lui-même, comme le séminaire, affecté au service militaire. » GUILLOTIN DE CORSON, *Pouillé*..., III, p. 477 et seq.

35. Sur ce document célèbre entre tous, cf. LE ROY, *loc. cit.*, p. 785 de la *Bibliographie*. Cet ouvrage donne le texte latin de la Bulle *in extenso* et une traduction française, p. 705. — GAZIER, *loc. cit.*, I, p. 234.

36. Ce document est extrait du *Recueil des Mandemens*... conservé à la Bibliothèque Nationale sous la cote Ld[4] 747. Je ne le cite pas *in extenso*, pas plus d'ailleurs que les deux autres qui l'accompagnent. Cf. p. 144.

On sait qu'à cette époque, « le pouvoir séculier intervenait presque continuellement dans les choses de la religion et souvent d'une manière abusive. C'était la volonté du Roi qui avait supprimé le Protestantisme en France, par la révocation de l'édit de Nantes ; c'était la volonté du Roi qui avait valu aux doctrines gallicanes un regain de faveur [37] ». Le Roi désirait voir les évêques accepter la bulle *Unigenitus*. Aussi les prélats opposants vont-ils, tout naturellement, se tourner vers le monarque. Ils lui adressent une lettre collective, « le quatorzième janvier 1714 [38] ».

« Le respect dont nous sommes pénétrés pour votre Majesté et notre attachement pour Elle que nous conserverons jusqu'à la mort, ne nous permettent pas de différer d'un moment à lui rendre compte de la déclaration que nous nous sommes vûs obligés d'adresser aux Evêques qui doivent s'assembler demain et que nous prenons la liberté de joindre à cette lettre...

» Tous les Evêques sont persuadés qu'ils acceptent la Constitution du Pape en qualité de juges de la foi. Nous demandons qu'on ne donne point à la Cour de Rome l'occasion de croire que nous n'agissons que comme de simples exécuteurs de ses décrets. Nous regardons enfin comme un devoir de la Religion et de la fidélité que nous avons jurée à Votre Majesté de ne rien souffrir qui puisse donner dans l'esprit des peuples la moindre atteinte aux droits du Royaume et à la sûreté de la Personne sacrée des Roys. Peut-on nous blâmer, dans une matière de cette importance, de vouloir prendre des précautions justes et nécessaires. »

Le 23 janvier 1714, les quarante évêques réunis à Paris reçurent la constitution *Unigenitus* [39]. Mgr Desmaretz n'avait rien fait pour hâter la signature d'acceptation du fameux décret [40] ; mais ses efforts, comme ceux de ses collègues opposants, demeurèrent vains. Après six séances,

37. L. MARION, *Histoire de l'Eglise*, Paris, 1906, in-8°, III, p. 408.

38. *Recueil des Mandemens des Prélats qui n'ont point reçeu la Constitution de N. S. P. le Pape Clément XI au sujet du Nouveau Testament du Père Quesnel, ensemble les lettres outre ces Mandemens et autres pièces curieuses*. A la Bibliothèque Nationale, sous la cote Ld⁴ 747, in-12, s. l., MDCCXIV, p. 146.

39. BOURLON, *loc. cit.*, p. 147 et seq. — MICHAUD, *loc. cit.*, p. 551 et seq. — LAFITEAU, *loc. cit.*, p. 151 et seq. — *Journal* de l'abbé DORSANNE, I, p. 77.

40. *Recueil d'Actes des Assemblées du Clergé*, VI, col. 1259 : « M. de Saint-Malo est d'avis qu'on doit attendre à délibérer sur le fond de l'acceptation. Les autres prélats, à la suite du cardinal de Rohan, sont d'avis qu'on procède incessamment à délibérer. »

le rapporteur termina en proposant de déclarer « que l'Assemblée avait reconnu avec beaucoup de joie la doctrine de l'Eglise dans la constitution *Unigenitus* ; qu'elle l'acceptait avec respect et soumission ; qu'elle condamnait les livres et les propositions de la même manière que le Pape et qu'avant de se séparer, elle arrêterait un modèle d'Instruction pastorale que les évêques publieraient avec la bulle [41] ». Les 22 et 23 janvier, on recueillit les suffrages. Quarante évêques furent de l'avis de la commission ; mais neuf autres [42] dirent qu'avant de délibérer sur le fond de la question, ils voulaient attendre l'Instruction pastorale. Au nombre de ces prélats était Mgr de Saint-Malo [43].

On fit tout ce qui était possible pour ramener à l'orthodoxie le cardinal de Noailles, dont le suffrage eût entraîné le reste des opposants. On lui proposa de concerter avec lui l'Instruction pastorale, ce qu'il refusa constamment. Le 1er février, on fit lecture de cette instruction, qui fut approuvée par quarante évêques. Le cardinal de Noailles, parlant au nom des neuf autres, prononça un discours où il disait que la division des évêques ne roulait point sur la foi et que lui et les siens prenaient le parti de demander des explications au Pape [44]. Mgr Desmaretz était *appelant* [45].

Les prélats opposants écrivirent au Roi une seconde lettre pour expliquer leur attitude et légitimer leur appel. L'évêque de Saint-Malo, cette fois encore, apposa sa signa-

41. *Ibid.*, VI, col. 1298, se trouve un modèle de dispositif pour la publication uniforme de la bulle *Unigenitus*.

42. Les autres évêques étaient, outre le cardinal de Noailles, M. d'Hervaut, archevêque de Tours ; M. de Béthune, évêque de Verdun ; M. de Noailles, de Châlons-sur-Marne ; Soanen, de Senez ; de Langle, de Boulogne ; Dreuillet, de Bayonne ; de Clermont, évêque de Laon.

43. *Mémoires pour servir à l'hist. ecclés.*, I, p. 90 et seq.

44. L'évêque de Laon, à ce moment, se réunit « aux quarante ».

45. « Les prélats qui n'ont pas été de l'avis commun dans notre dernière délibération et moi, nous ne pouvons opiner sur cette pièce parce que nous nous croyons obligés, avec déplaisir, de prendre un parti différent. C'est de recourir au Pape, de lui proposer nos peines et nos difficultez, et de le supplier de nous donner les moïens de calmer sûrement les consciences allarmées et de conserver la paix dans nos églises. » *Procès-verbaux des Assemblées du Clergé*, 1714, col. 96.

ture au bas du document que le cardinal de Noailles s'était chargé de remettre au souverain [46].

C'est à cette époque aussi, vraisemblablement, qu'il écrivit à l'évêque de Châlons la lettre suivante qui ne porte pas de date :

« Mon très cher et très respectable Seigneur, Je ne puis retarder mon départ. J'aime bien vos réflexions serotines. Elles percent et vont au fond : mais je pense toujours qu'il est bon que Mgr notre Cardinal sache que les personnes que les évêques consultent et consulteront vraisemblablement dans toute l'affaire, pensent qu'ils peuvent aller dans un accommodement au point que vous voyez dans le projet. Selon moy, si les affaires se traitent à l'amiable, il y a usage à faire de la manière dont ce projet est tourné qui ne tend qu'à obtenir de Mgr le Cardinal de laisser les choses dans l'état où elles étoient avant que l'instruction des Evèques ait paru, cela se pourroit peut-être faire par une seule réponse que Mgr le Cardinal feroit aux évêques, mais en ce cas il faudroit qu'elle fût publique et imprimée aussi bien que celle que les Evesques auroient écrites à Mgr le Cardinal et que sans qu'il aprouvast la doctrine de l'instruction, il en remit néanmoins le jugement à l'Eglise [47]. Tout ceci, Mgr, se réduit à bien prévoir et à dire quelle réponse publique Mgr le C. voudra donner aux Evêques pour leur oster la flétrissure que son ordonnance leur fait, en cas que la lettre conforme au projet répare suffizament l'offense qu'ilz luy ont faites dans la lettre qu'ils ont écrit au roy.

» Je suis, mon très cher Seigneur, avec un vrai respect, votre très humble et très obéisséant serviteur.

» † F. V. Evesque de S. Malo [48]. »

Sans accepter la Constitution du 8 septembre 1713, Mgr Desmaretz se résigna cependant à publier, quelques mois plus tard, la lettre suivante qui proscrivait l'ouvrage du Père Quesnel :

46. *Recueil des Mandemens...*, p. 151. *Seconde lettre au Roi.* — Cf. également *Recueil d'Actes des Assemblées du Clergé*, VI, col. 1299. La signature de Mgr Desmaretz est à la colonne 1301.

47. *Mémoires pour servir à l'hist. ecclés.*, I, p. 92 et seq.

48. Bibliothèque Nationale, ms. fr. 23207, n° 113. Document inédit.

« *Mandement de Monseigneur l'Evêque de S. Malo portant défense et condamnation du Nouveau Testament en François, avec des Réflexions morales sur chaque Verset*[49].

« *Vincent-François*, par la permission divine Evêque et Seigneur de Saint-Malo, Conseiller du Roy en ses Conseils etc...

» Le Livre du *Nouveau Testament en François, avec des Réflexions morales sur chaque Verset*, etc... Imprimé à Paris en 1699 et autrement : *Abrégé de la Morale de l'Evangile, des Actes des Apôtres, des Epitres de S. Paul, des Epitres Canoniques et de l'Apocalypse ou Pensées Chrétiennes sur le texte de ces Livres sacrés*, à Paris, 1693 et 1694, ayant été censuré par la constitution de Notre Saint Père le Pape du 8 septembre 1713 pour la publication de laquelle la déclaration par Nous faite le premier de Février dernier dans l'Assemblée du Clergé tenue à Paris, Nous oblige d'atendre la résolution de Sa Sainteté : Nous ne croyons néanmoins pas devoir diférer à donner non seulement des marques de notre respect et de notre soumission pour le jugement du Saint-Siège, en condamnant ce même Livre. Mais persuadéz que nous sommes de la force des motifs qui ont porté Sa Sainteté à le condamner. Nous ne pouvons assez exhorter les Recteurs, les Prêtres et principalement ceux qui sont employez à la Prédication, l'administration des Sacremens et la conduite des ames dans notre Diocèse de s'apliquer avec zèle à faire connoître aux Fidèles combien il est important pour la paix de leurs consciences et leur avancement dans la Voye du Salut de demeurer non-seulement étroitement attachez à toutes les décisions de l'Eglise, mais d'éviter encore soigneusement la lecture des Livres qui favorisent des opinions contraires à ces mêmes décisions.

» *A ces causes*, Nous avons condamné et condamnons le dit Livre: défendons à tous nos Diocésains, sous peine d'Excommunication de le lire, leur ordonnons d'en porter les exemplaires au Greffe de notre Officialité. Et sera notre présent Mandement publié et affiché par tout où besoin sera et lû dans les Communautez Séculières et Régulières d'Hommes et de Filles[50].

49. A Saint Malo, chez Raoul de la Mare, Imprimeur et Marchand Libraire devant l'Eglise Cathédrale. M.DCCXIV. Avec privilège du Roi, 1 page in-8°. Mandement adressé au « Révérend Père Prieur de l'abbaïe de St Jacques à Montfort ». Inséré dans le *Recueil de mandements* conservé à la Bibliothèque municipale de Rennes, n° 17261.

50. L'évêque de Saint-Malo n'accomplissait pas ici un acte extraordinaire. Il faut signaler, en effet, que les prélats eux-mêmes qui n'acceptèrent pas la Constitution « signèrent, avant de se séparer, un acte où ils protestoient qu'ils étoient très éloignés de favoriser le livre des *Réflexions morales* ni son auteur; qu'ils reconnoissoient que ce livre devoit être ôté des mains des fidèles ; qu'ils

» Donné à S. Malo, en notre Palais Episcopal, le premier jour de Mars 1714.

» *Signé* : ✝ Vincent-François, Evêque de S. Malo.
Par Monseigneur,
» De l'Ile, Chanoine Secrétaire. »

VI. — En condamnant le Père Quesnel, Mgr Desmaretz avait fait évidemment un éloge enthousiaste de l'orthodoxie ; mais il laissait entendre aussi que son adhésion était loin d'être entièrement donnée aux décisions venues de Rome. Il consentait à condamner le livre des *Réflexions morales*, mais il n'admettait pas que le Pape eût pris, à lui seul, la décision et la responsabilité de ce jugement doctrinal qui frappait l'ouvrage quesnelliste. C'est pourquoi, tout en regardant comme raisonnable, légitime et bienfaisante la censure pontificale, il ne pouvait consentir à recevoir le document qui la contenait. Contre ce qu'il regardait comme une atteinte grave portée aux droits des évêques, il fit appel au futur concile, en compagnie des opposants [51]. Remarquons-le bien cependant : l'acte d'appel ne fut pas signé de sa main. M. de Saint-Malo se contenta ici de faire siennes les déclarations du cardinal de Paris et de l'évêque de Châlons-sur-Marne. Voici cette pièce :

« *Extrait des Registres du Secrétariat de l'Archevêché de Paris.*

« Nous, Gaston-Jean-Baptiste-Louis de Noailles, Evêque Comte de Chaalons, Pair de France; et nous, Vincent-François Desmarets, Evêque de S. Malo, ayant vu l'appel interjeté par M. le Cardinal de Noailles qui commence par ces mots *Unigenitus Dei Filius* au

étoient résolus de le condamner... Il est remarquable, en effet, que, tandis que Quesnel et ses partisans vantoient les *Réflexions* comme l'ouvrage le plus utile et comme un trésor pour les fidèles, les prélats même les plus prévenus ne pouvoient s'empêcher de le condamner. » *Mémoires pour servir à l'hist. Ecclés.*, I, p. 94.

51. Remarquons cependant, à sa louange, qu'il blame leurs excès, en particulier ceux de Colbert, évêque de Montpellier, qu'il trouve « trop raide et trop amer ». Le Roy, *loc. cit.*, p. 509. Cet auteur ajoute avec raison en parlant du prélat malouin : « Il est proprement le reflet provincial du cardinal de Noailles. »

Pape mieux informé et au futur Concile général, par un acte du trois d'Avril présent mois[52], nous avons jugé nécessaire d'y adhérer tant pour Nous que pour notre Clergé et nos Diocèses, comme de fait nous y adhérons par ces Présentes, Nous réservant de publier notre Appel et d'en déduire plus au long les motifs en tems et lieu convenables. Fait à Paris le vingt-un d'Avril mil sept cent dix-sept. Ainsi signé :

» Gaston-Jean-Bapt.-Louis DE NOAILLES, E. C. de Chaalons[53]. »

L'évêque de Châlons paraît avoir joui, plus que tout autre, de la confiance de Mgr Desmaretz. Le 8 avril 1714, il avait reçu, de Saint-Malo, cette lettre[54] :

« J'ai eu l'honneur, Mgr, de mander à Mgr le C.[55] mes réflexions sur ce qui me paraissait alors convenir au bien de nos diocèses : ce qu'on apprend de jour en jour ne change pas la substance de la conduite qu'on a à tenir mais cependant cela suggère des moyens différens de ceux qu'on avoit d'abord envisagés comme les seuls qu'on dût suivre. Je suis en peine de savoir ce que son Em. estime convenable présentement, mais j'auray l'honneur de vous écrire un peu au long ces jours cy. J'ay été accablé d'affaires arriérées depuis mon retour en cette ville et malheureusement ma maison de campagne n'est pas encore habitable et d'y demeurer est le seul moyen de me donner un peu de loisirs[56]. Je suis avec un respect véritable, Mgr, votre très honoré et très obéissant serviteur.

» † V. F., Ev. de S. Malo. »

Le prélat malouin ne voulait pas s'exposer à être désavoué par son clergé. Il s'adressa, une fois encore, à Mgr de Châlons, pour obtenir de lui les « bons livres » qui prépa-

52. Cet acte est contenu dans le *Recueil de mandements* conservé sous le nº 17261 à la Bibliothèque municipale de Rennes. Il comprend 10 pages petit in-8º. Cf. *Grande Encyclopédie*, XXVII, p. 1140, sur l'assemblée du 8 mars 1717 qui groupe seize appelants, dont Mgr Desmaretz.

53. Au bas d'une autre édition de ce Mandement insérée dans le même recueil se trouve cette note : *On sçait que le présent Acte d'appel a été inséré dans les Registres des Secrétariats de Nosseigneurs les Evêques de Châlons-sur-Marne... de S. Malo, d'Auxerre... qui y ont tous adhéré.*

54. Ce document, inédit, m'a été communiqué, ainsi que les autres lettres de Mgr Desmaretz, par M. Pocquet du Haut-Jussé, docteur ès lettres, que j'assure de ma très vive reconnaissance. Cette lettre est conservée à la Bibliothèque Nationale, ms. franç. 23207, nº 110.

55. Mgr le cardinal de Noailles, chef du mouvement janséniste.

56. Il doit être question ici de la maison de campagne de Château-Malo plutôt que de celle de Saint-Malo-de-Beignon. Cf. la lettre du même prélat, insérée plus loin et datée du 13 juin 1719.

reraient les esprits à recevoir l'acte d'appel. Une lettre partait à cet effet de Saint-Malo, le 8 septembre 1717. Elle était rédigée avec une prudence extrême [57] :

« Mgr, J'ai eu l'honr de vs écrire avant hier mais je ne vous ai rien dit sur les ouvrages dont je puis avoir besoin dans mon diocèse où le grand nombre n'est pas au fait de l'affaire dont il s'agit, et cela faute de livres. J'ai besoin surtout du recueil des Difficultés proposées par les Théologiens de France sur la Constitution. J'ay facilité, Mgr, pour avoir d'Holande les exemplaires de celui-ci qui me seront nécessaires et j'en va demander 150 exemplaires. L'ouvrage qui me seroit encore fort nécessaire seroit le mémoire en faveur de l'Apel au futur concile général, mais je voudrois l'avoir retouché, et tel qu'on le faisoit espérer. A ce propos là, Mgr, peut-on vous demander si la réponse des prélats acceptans à ce mémoire paroit et si l'on n'y a pas déjà répondu ? Dans mon diocèse, il n'y a pas grand nombre de recteurs qui soient instruits de la matière de la Constitution. Ceux qui le sont sont assez bien disposés mais grand nombre ont fait leurs études aux Jésuites de Rennes et y vont même faire des retraites. Vous jugez bien quels sentiments on leur a inspiré pendant leurs études et dans quels sentiments on les entretient par ces retraites. A l'égard de mon chapitre, Mgr, le plus grand nombre pense bien, mais il y a quelques mesures à prendre et les dispositions d'atendre que vous voyez dans l'esprit du Gouvernement influent dans ce que je puis faire ici. Je ne signe point ma lettre, Mgr, si vous voulez m'écrire de mesme et mesme par forme de mémoire et comme les choses se présenteront à votre plume, je connois votre écriture et il ne faut que cela, si vous le voulez bien. Vous savez, Mgr, quel est le respect véritable que j'ai dans le cœur pour vous. »

L'évêque de Châlons dut envoyer à Mgr Desmaretz les livres que celui-ci sollicitait. Aussi, lorsque le moment lui parut favorable, au cours de l'année suivante, l'évêque de Saint-Malo adressa-t-il à ses diocésains un acte d'appel signé de son nom.

Il avait connu, sans y obéir, les désirs, sinon les ordres, de Louis XIV [58]. Il savait que plus de soixante-dix prélats,

57. Document inédit. Bibliothèque Nationale, ms. fr. 23207, n° 111.

58. « Bien que le vieux roi, dont la maladie antijanséniste était connue, tint pour la pièce pontificale, l'évêque de Saint-Malo fut parmi ceux qui ne s'inclinèrent pas. » DUINE, *Hist. civ. et pol. de Dol*, p. 297.

restés dans les provinces, avaient publié la bulle et l'instruction, acceptées par la majorité des membres de l'Assemblée du Clergé. La Constitution *Unigenitus* se trouvait, de ce fait, promulguée dans plus de cent diocèses. Quelques évêques seulement avaient gardé sur elle un silence obstiné. Pendant longtemps Mgr Desmaretz avait été de ce nombre. Mais le 21 avril 1718, il prenait enfin parti d'une manière définitive. L'acte d'appel fut rendu public quelques mois plus tard. Il était ainsi conçu :

« *Mandement de Monseigneur l'evêque de Saint-Malo*, pour la publication de l'Apel qu'il a interjetté le vingt-un Avril 1718,

» Au Pape mieux conseillé et au futur Concile Général, de la Constitution de N. S. P. le Pape Clément XI, du 8 septembre 1713, qui commence par ces mots *Unigenitus Dei Filius* [59].

» *Vincent-François Desmaretz* par la permission divine Evêque et seigneur de Saint-Malo, Conseiller du Roi en ses Conseils, etc... Au Clergé Séculier et Régulier de notre Diocèse, *Salut et Bénédiction.*

» Persone, mes très-chers Frères, n'ignore le trouble que la Constitution *Unigenitus* a causé dans l'Eglise de France au moment qu'elle a paru : on sentit dès lors tellement les motifs de l'alarme publique, que les Evêques qui désiroient le plus son acceptation, se trouvèrent obligés de l'expliquer en l'acceptant; ce qui n'est jamais arrivé dans l'Eglise. Ce moyen que le désir de conserver la paix leur suggéra ne se trouva point suffisant. Dieu sait que si nous avions pû suivre cette voie, et nous conformer à leur exemple, nous l'aurions fait avec joye; mais nous eumes lieu de craindre deux choses, dont le tems et l'expérience nous ont convaincu : la première, que cette explication ne mettoit point assez les veritez à couvert; et la seconde qu'elle ne procureroit point la paix à l'Eglise [60].

59. Archives départementales d'Ille et Vilaine, G 101, Diocèse de Saint-Malo, Officialité, à la fin de la liasse ; mandement de 4 pages petit in-8°, de l'imprimerie de Raoul de la Mare, Imprimeur de Monseigneur l'Evêque.

60. L'évêque écrit en 1718, au moment où le pape Clément XI vient de lancer la bulle *Pastoralis officii* qui sépare de l'Eglise les appelants. Ceux-ci font alors appel de cette nouvelle bulle. L'allusion qui suit au « Prince qui nous gouverne » ne viendrait-elle pas de la faveur manifestée à la politique jansé-

» Sans vous raporter icy, mes Frères, une infinité de faits et de circonstances qui se sont passés depuis quatre ans à ce sujet, la plus grande partie sous les yeux du Prince qui nous gouverne, nous devons vous dire que son Altesse Royale elle-même a entre les mains des preuves qui nous sont communes avec Son Eminence Monseigneur le Cardinal de Noailles [61], de la sincérité avec laquelle nous avons tâché de contribuer à la paix, n'ayant rien refusé pour y parvenir, que ce qui afoibliroit les veritez dont nous sommes obligés de parler d'une manière précise.

» Comme on ne peut plus espérer, mes chers Frères, que cette affaire importante se termine par les sages ménagemens que Son Altesse Royale avoit désiré qu'on y employât; que Sa Sainteté refuse fermement toute explication de sa Bulle: quelques respectueuses qu'ayent été les instances que nous lui en avons faites avec plusieurs Prélats du Royaume, recommandables par leur savoir et par leur piété; qu'au contraire nous sommes menacés du côté de Rome d'un traitement que nous ôsons dire n'avoir jamais mérité: Nous sommes contraints par la nécessité d'une juste défense et pour nous oposer aux abus que l'on fait de la Constitution *Unigenitus*, dont on se sert tous les jours pour attaquer le Dogme, la Morale de Jésus-Christ, la discipline, les libertez de l'Eglise Gallicane, celle des Ecoles Catholiques, les devoirs des sujets envers leurs Souverains et l'autorité qui est attachée au Caractère Episcopal : Nous sommes, dis-je, contraints de recourir au Tribunal de l'Eglise Universelle, pour nous garantir des maux dont nous sommes menacés.

» En cela, mes Frères, nous suivons un usage légitime et canonique, pratiqué en plusieurs occasions par des hommes irréprochables, apuyé sur les Decrets des Conciles et particulièrement sur ceux de Constance et de Bâle : Usage dont nos Pères se sont servis suivant les libertez de nôtre Eglise Gallicane, même pour des

niste par le Régent, au début de son gouvernement (1715-1717) ? Cf. l'article de l'abbé CARREYRE, dans la *Revue d'histoire de l'Eglise de France*, 1928, p. 459, *La politique religieuse du Régent, 1715-1728*.

61. Cette communion d'idées avec l'archevêque de Paris valut au prélat malouin l'honneur de figurer dans une estampe janséniste ornée de ce titre : *L'an 1715... la liberté a été rendue à ceux qui restoient disgraciés, fugitifs, exilés ou prisonniers pour les affaires de l'Eglise. Prélats disgraciés pour la constitution* Unigenitus *avec défense de sortir de leurs diocèses : M. le cardinal de Noailles, M. l'Archevêque de Tours, Mgrs les Evêques de Verdun, de Châlons, de Senez, de Boulogne, de St Malo, de Bayonne, après l'assemblée tenue en 1714 et Mgrs d'Arras, Mirepoix, Angoulême, Montpellier, Cisteron, Pamiers, Mets, Tréguier.* Le petit roi Louis XV, assis sur un trône, accueille deux groupes de jansénistes que lui présente le cardinal de Noailles, revêtu de la *cappa magna*. A gauche, celui des évêques et prêtres séculiers ; à droite, celui des religieux. Au-dessous, quatre listes de docteurs exclus de Sorbonne, de fugitifs, d'exilés et de prisonniers. Gravure anonyme.

causes qui ne touchoient pas autant la Religion que celle dont il s'agit.

» Nous ne diférerons donc plus, mes Frères, la publication de notre Apel au futur Concile Général, interjetté dès le vingt-un Avril mil sept cens dix-sept, duquel nous avions diféré la publication par l'espérance et le désir de la paix.

» Son éfet, qui est de suspendre tout ce qui pourroit avoir été fait contre nous à cette occasion et d'annuler tout ce qu'on pourroit faire dans la suite au préjudice de notre Apel, nous laissera néanmoins atendre et chercher ardemment la concorde et l'unanimité si désirables pour le bien de la Religion et de l'Etat: soit par les éclaircissemens que nous avons suplié Sa Sainteté de nous acorder, soit par des explications concertées que les Prélats de l'Eglise de France pouroient doner.

» Ce que nous vous disons icy en peu de mots de l'Apel au futur Concile Général, mes chers Frères, sera justifié dans peu à vos yeux par l'Instruction Pastorale que nous vous promettons. Mais nous vous répétons encore que nous désirerions de tout notre cœur voir la vérité et la paix assez en sureté pour être dispensés d'attendre le jugement du Concile Œcuménique.

» Nous demeurons religieusement attachés à la Chaire de Saint-Pierre, que nous respectons comme le centre de l'Unité; Nous rendrons toujours à notre Saint Père le Pape, comme au Chef visible de l'Eglise, toute la soumission prescrite par les Saints Canons[62]; et quand il y auroit des Ministres du Seigneur qui se déclareroient ouvertement contre la paix et contre Nous, nous conserverons pour eux toute la charité et tout l'esprit de concorde que Jésus-Christ demande dans les Pasteurs de son peuple.

» Nous vous exhortons, mes très-chers Frères, et nous vous conjurons par les bienfaits que nous avons tous reçus de Jésus-Christ, de rendre au Saint-Siège Apostolique et à Notre Saint Père le Pape tout le respect et toute la soumission qui lui sont dûs; de respecter aussi les premiers Pasteurs de l'Eglise; de conserver la charité les uns envers les autres; d'éviter toutes dissensions et tous termes injurieux à l'occasion des troubles de l'Eglise; conservant

62. Cf. *La Discipline de l'Eglise de France, d'après ses maximes et ses décisions, répandues dans la collection des Mémoires du Clergé, par l'auteur du Dictionnaire théologique*, P. A. Alletz, Paris, 1780, in-4°. Page 529 : « Que les Evêques sont, de Droit divin, successeurs des Apôtres et, en quelque sens même, de saint Pierre ; ce qui n'empêche pas que le Pape ne soit, en un sens encore plus propre et avec une étendue bien plus grande, le successeur du Prince des Apôtres. » Cf. également, p. 540 : De la confirmation des Evêques et des Métropolitains par le Pape. *Ibidem*, p. 75 : Des droits et prérogatives des Evêques de France. « En France, le Pape n'a pas le pouvoir d'évoquer toutes les causes dont il voudroit connoitre. Les évocations sont contraires à la juridiction que les supérieurs ecclésiastiques sont en possession d'exercer et aux libertés de l'église gallicane. »

prétieusement, comme Saint Paul le prescrit aux Ephésiens, la douceur, la patience et travaillant avec soin à entretenir l'Unité de l'esprit par le lien de la paix.

» A Ces Causes, le saint Nom de Dieu invoqué, après en avoir conféré avec mes Vénérables Frères les Doyen, Chanoines et Chapitre de notre Eglise Cathédrale, lesquels ont adhéré à notre Apel; nous réïterons notre dit Apel au Pape mieux conseillé et au futur Concile Général de la Constitution *Unigenitus* du huit septembre mil sept cens treize; et Ordonons que le présent Acte soit inséré dans les Registres de notre Officialité. Donné à Saint-Malo, en notre Palais Episcopal, le premier Octobre mil sept cens dix-huit [63], et publié en notre Synode Diœcésain tenu à Dinan, le quatrième jour desdits mois et an.

» † Vincent-François Desmaretz, Evêque de Saint-Malo.

Par Monseigneur,

» DELILE, Chanoine, Secrétaire. »

L'évêque de Saint-Malo était désormais appelant. Son clergé allait-il le suivre dans la voie d'opposition à la bulle? La question fut posée et résolue au cours du synode annuel. Voici le compte rendu de cette assemblée, inséré dans le Registre des causes civiles de l'Officialité diocésaine [64] :

« Le quatrième jour d'Octobre mille sept cents dix huit, nous, doyens, Prieurs et recteurs du diocèse de Saint-Malo, sinodalement assemblés à Dinan, dans la salle des Révérends Pères Jacobins pour traiter des affaires du diocèse, après avoir entendu ce qui a été exposé par Mgr Notre Evêque, Vincent-François Desmaretz, au sujet de la Constitution *Unigenitus;* entendu la lecture de plusieurs actes d'appel de ladite Constitution au futur concile général légitimement convoqué et assemblé, et autres actes et pièces concernant la même matière; le Saint Nom de Dieu invoqué et le tout mûrement considéré, nous déclarons à tous les fidèles

63. Une difficulté se présente ici. Un an plus tôt, Mgr Desmaretz écrivait à Gaston de Noailles pour lui recommander la prudence. Ce qui a permis à LE ROY, *loc. cit.*, p. 509, d'affirmer : « Un trait peint l'homme. Il ne signe point ses lettres et il invite ses correspondants à suivre son exemple. C'est un timoré, doublé d'un politique bien intentionné et honnête, mais éperdu, inquiet, frissonnant au plus léger bruit venu de Versailles, au moindre mot de blâme tombé de la bouche d'un ministre, et qui, en présence de Louis XIV, aurait tout rétracté et tout consenti, non par lâcheté, mais par tremblement et vénération de la majesté royale. » Comment expliquer alors cet acte d'appel public, éclatant, et cette persistance dans l'opposition à la Bulle ?

64. Ce registre qui d'après l'intitulé était formé de 74 feuillets n'en contient plus que 26, foliotés de 1 à 26 ; les six derniers sont en blanc, ce qui permet de supposer que les pages arrachées n'avaient pas été employées ; conservé

commis à nos soins que nous ne pouvons accepter la Constitution *Unigenitus* et adhérons à l'appel interjetté par Mondit Seigneur de Saint-Malo le 21 avril 1717 et rendu public le premier jour du présent mois; et déclarons estre appelants dès à présent, conjointement avec mondit Seigneur au pape mieux conseillé et au futur concile général légitimement convoqué et assemblé: sans néanmoins vouloir nous départir du profond respect et de l'obéissance légitime dûe au Saint-Siège et à Sa Sainteté Notre Saint Père le Pape Clement onze; protestant ne vouloir jamaïs rien enseigner ny soutenir de contraire aux décisions de l'Eglise Catholique, Apostolique et Romaine; mettons nos personnes et nos Eglises sous la protection du Concile général, et supplions très humblement notre Saint Père le Pape de remédier incessamment aux grands maux qui arrivent à l'Eglise, à l'occasion de ladite Constitution Unigenitus.

» Fait à Dinan, ledit jour 4e Octobre 1718,

» Ainsi signé[65] : Joseph Gouin, chanoine, recteur de Saint-Malo. — Allain-Joseph des Cougnets, bachelier en théologie, prieur et recteur de Saint-Suliac. — Bouexière, recteur de Saint-Père. — J.-A. Symon, recteur de Saint-Benoist-des-Ondes. — Le Gallais, recteur de Cancalle. — J.-P. Touchet, recteur de Taden. — Raffray, recteur de Quevert. — P. Diveu, pre. ind., recteur de Vildé-Guingalan. — Largentais Jocet, recteur de Créhen — Jehanot, recteur de Trégon. — Lemaignan, recteur de Ploubalay. — Jean Deculant, recteur de Saint-Lunaire. — Bagot, recteur de Langrolay. — Gouin, recteur de Pleslin. — J. Dudouet, recteur de Trigavou. — Corbel, recteur de Trémereuc. — Coquelin, recteur de Lehon. — Charles-Claude Apuril, recteur de Saint-Sauveur de Dinan. — Bertho de la Villejosse, prieur de Beaulieu, recteur de Mégrit. — P.-F. Loudiec, souprieur de l'abbaie de Beaulieu, prieur de Langadias. — M. Sevestre, recteur de Brusvilly. — Biffart, recteur de Saint-Maden. — Lemoine, recteur de Guenroc. — René Le Floch, recteur de Médréac. — J. Chaumorcel, recteur de Guitté. — O. Juhel, recteur de Saint-

aux *Archives de Saint-Malo*, Officialité, GG 294, fol. 9 et seq. Document inédit. Cf. également, au même dépôt d'archives, le registre in-folio coté GG 292 et contenant 255 feuillets : *1703 à 1739. Etat du diocèse et des stations, contenant des noms de communes et de prêtres.*

65. Les recteurs qui signèrent l'appel sont au nombre de soixante dix sept. Le diocèse de Saint-Malo renfermait cent soixante et une paroisses et vingt-quatre trêves. Le nombre d'opposants à l'acte d'appel, parmi les pasteurs à charge d'âmes, s'élève donc à une centaine. Mais ce chiffre ne peut être qu'approximatif. Il faut, en effet, supposer que certaines paroisses étaient alors dépourvues de titulaires, par suite de décès ou de nominations non effectuées. Il ressort quand même de ce calcul approximatif que la majorité du clergé malouin, parmi les chefs de paroisse, était demeurée soumise à la Constitution *Unigenitus*. Quant à connaître les idées sur ce point des vicaires, chapelains, altaristes, prêtres habitués, on comprendra facilement que c'est impossible, puisque ces ecclésiastiques n'ont généralement pu manifester leurs sentiments que dans des documents de caractère privé.

Juvat. — J. Rolland, recteur de Bécherel. — De la Pommeraye, recteur de Combourg, syndic. — Charles-Fr. d'Eyvignac, recteur d'Evran. — Mathurin-Gilles Paillevé, recteur des Iffs et Saint-Brieuc. — G. de Belouan, recteur de Cardroc. — F. Lardeux, recteur de Québriac. — Jean Hervé, recteur de Longaunay. — P. Levayer, recteur de Tinténiac. — L. Cloteaulx, recteur de Tréverien. — Joseph Pougnaut, recteur du Quiou. — Claude Mallet, recteur de Campénéac. — Joseph-Pierre Ermard, recteur de Ploërmel. — Michel Roeker, recteur de Mauron. — J.-F. Guerandel, recteur de (illisible). — Mathurin Gapihan, recteur de Réminiac. — Louis Danet, recteur de Saint-Abraham. — Mathurin Levré, recteur doyen de la Nouée. — J.-A. Elie, recteur de Josselin. — Murault, prieur de l'abbaie de Saint-Jean-des-Prez et de Saint-Michel, l'un des recteurs de Josselin. — N. Chesnel, recteur de Ménéac. — Lauté, prieur recteur de Guiliers. — Morin, recteur de Brignac. — Claude le Quémener, recteur d'Yrodouer. — J. Chévillard, recteur de Tréfumel. — J.-A. Gouyon, prieur-recteur de Saint-Maudé. — F.-Ch. Magadou, recteur de Merdrignac. — M. Caro, recteur de Pommeleuc. — Prieur, recteur de Mohon qui a mis avant de signer : J'adhère à l'appel et aux termes de l'appel de Monseigneur. — Léon Luce, recteur de Saint-Jouan (Isle). — Bernard, prieur de Plélan-le-Petit. — Bernard, prieur de Trédias. — Joannes Regnier, rector Sti Nicolai de Montfort. — J. Aubrée, recteur d'Iffendicq. — Jean Salmon, recteur de Saint-Liry (*sic*). — C. Garreau, prieur de Montertil. — C. Vintaut, prieur de Saint-Mallon. — J. Lemée, prêtre, recteur de Quédillac. — J. Morand, prieur de Saint-Goulay. — René de Saint-Pern, recteur de Bedée. — François Coquand, recteur de Clayes. — Jo. Perruchot, recteur de Trémorel et Locuët. — F. Savoye, prieur-recteur de Romillé. — De la Frambroisière, recteur de Gaël. — J. Riaheu, recteur de Saint-Onen. — J. Barbou, recteur de Guignen. — Dudouet, recteur du Bois-Gervilly. — J.-M. de la Haye, recteur de la Beaussaine[66].

66. Il y a dans l'adhésion à cet acte d'appel des groupements curieux dans les régions de Dinan, Montfort, Ploërmel, Bécherel, etc... Des influences s'exercèrent, évidemment, en un certain rayon et les livres jansénistes durent activement circuler de presbytère à presbytère. On ne peut malheureusement faire la lumière sur ce point. Peut-être un travail exécuté à l'aide des archives de chaque paroisse — là où elles existent — pourrait-il montrer quels furent ceux qui dirigèrent le mouvement. A l'aide d'un tableau inséré dans le *Pouillé de Rennes*, I, p. 721, il est facile de dresser approximativement la liste des paroisses où l'appel ne fut pas signé. Ce sont les suivantes : Augan, Baulon, Beignon, Bourseul, Bréal, Breteil, Broons, Bruc, Calorguen, Caro, Caulnes, La Chapelle-Bouëxic, La Chapelle-Chaussée, La Chapelle-du-Lou, Comblessac, Concoret, Corseul, Coulon, La Croix-Helléan, Le Crouais, Saint-Malo-de-Dinan, Dingé, Eréac, Gomené, La Gouësnière, Goven, La Grée-Saint-Laurent, Guer, Guichen, Guillac, Guipry, Lancieux, Landujan, Langouët, Lanrelas, Lanrigan, Lassy, Lieuron, Lohéac, Lourmais, Loutehel, Loyat, Maure, Maxent, Mernel, Miniac, Montauban, Saint-Jean-de-Montfort, Néant, Paim-

Jay doyen de poullet et recteur de la Paroisse de Saint-Jouan-des-Guérets, diocèze de Saint-Malo, n'ayant pu assister au Synode assemblé à Dinan le 4° octobre dernier, à cause de mon infirmité, désirant adhérer avec mes Confrères à l'appel interjêtté par Monseigneur de Saint-Malo et par les Chanoines et Recteurs dudit Diocèse, j'ay signé adhérant le 7e octobre 1718.

» Ainsi signé : J. GUITTÉ, D. R., de St Jéan de Guerets. »

« L'acte cy-dessus et des autres parts a été enregistré sur le réquisitoire de Monseigneur l'Evêque de Saint-Malo, De quoi, nous, Official, avons décerné acte pour valloir et servir où estre devra. Fait le dit jour, vingt et unième Octobre mil sept cens dix huit.

» Ont aussy adhéré audit appel missire Jan Guitté, Doyen de Saint-Jouan; R. M. Dabin, Recteur de Saint-Méloir; Guilleaume Desbois, Recteur de Châteauneuf[67]. »

Selon les règles du droit, l'évêque désire faire intériner son mandement d'appel dans le registre de l'Officialité. Ses vicaires généraux produisent aussitôt l'acte suivant :

« Du vendredy 21 octobre 1718, Issue de l'audiance de laditte officialitté.

» Sur la requisition qui a esté faite à nous, Official, par Monseigneur l'Evesque de Saint-Malo, d'enregistrer au greffe de son officialité de l'appel qu'il a interjetté de la Constitution qui commence par ces mots *Unigenitus* au futur concil œcuménique, dès le 8 septembre 1713 et publié lors de son dernier Sinode à Dinan, Sa Grandeur nous ayant remis elle-même ledit acte, Nous, considérant la droiture de ses intentions et son zelle ardant pour conserver la sainte Doctrine et parvenir à la paix de l'Eglise Universelle, d'une part, et, de l'autre, voyant le reffus continuel que notre Saint Père le Pape depuis cinq ans, de donner les expliquations qu'on lui demande avec tant d'instance et soumission

pont, Paramé, Pipriac, Plélan-le-Grand, Le Plessix-Balisson, Pleumeleuc, Pleurtuit, Plorec, Plouasne, Plouer, Plumaudan, Plumaugat, Saint-Briac, Saint-Brieuc-de-Mauron, Saint-Domineuc, Saint-Enogat, Saint-Germain-des-Prés, Saint-Gondran, Saint-Léger, Saint-Malo-de-Beignon, Saint-Malo-de-Phily, Saint-Maugan, Saint-Méen, Saint-Pern, Saint-Séglin, Saint-Senoux, Saint-Thurial, Sévignac, Talensac, Taupont, Tréhorancteuc, Trélivan, Trémeur, Trévéron, La Trinité-Porhoët, Yvignac.

67. J'ai cru inutile de donner des précisions sur la situation géographique des paroisses ci-dessus mentionnées. Je renvoie pour tous renseignements au *Dictionnaire* d'OGÉE. Quant aux ecclésiastiques signataires, aucun d'eux ne possède de biographie. Cf. à leur sujet les *Registres paroissiaux* de l'abbé PARIS-JALLOBERT et le *Pouillé de Rennes*, par le chanoine GUILLOTIN DE CORSON, pour ce qui concerne les paroisses du diocèse de Saint-Malo actuellement enclavées dans l'archidiocèse de Rennes.

sur cette Bulle qui pouroient calmer les troubles qu'elle a exittée dans ce Royaume et que l'on ne peut porter ces contestations pour être terminées définitivement à un autre tribunal que celui de l'Eglize universelle assemblée dans un concile, seul juge souverain des matières et des questions dont il s'agit, faisant de plus attension à l'importance de cette affaire qui concerne la manière d'expliquer la foy catholique, l'éclaircissement de plusieurs règles de la morale chrétienne et de la discipline; les libertez de l'Eglise gallicane, le droit des Evèques, la souveraineté et la sûreté de la personne sacrez de nos Roys, les sentimens reçus et soutenus dans les écolles catholiques; le bien et la paix de l'Eglize; ayant aussy égard à la protestation expresse, contenue dans ledit acte d'appel, d'une soumission sincère et entière aux décisions et à la doctrine de la Sainte Eglise Catholique, Apostolique et Romaine, d'un attachement inviolable à la chaire de Saint Pierre, centre de l'unité catholique; d'un profond respect pour l'Eglise de Rome; de la vénération et de l'obéissance deüe à N. S. Père le Pape Clément XI, comme successeur du Prince des Apôtres, auquel la primauté appartient de droit divin dans toute l'Eglise, et enfin, attendu que Sa Grandeur, loing d'oster toute espérance de paix par l'appel avant le Concile général y fait connoistre au contraire son désir d'avoir, au plus tost, le calme rendu à l'Eglise de France par les eclaircissements qui ont esté demandez avec tant d'insistance et de respect à N. S. P. le Pape Clément XI de la piété duquel nous ne cessons pas de les attendre, persuadé que Sa Sainteté, en les accordant, ne fera que suivre l'exemple de Jésus-Christ mesme, de Saint Pierre et de plusieurs grands papes, et jugeant, aveq les plus savants et les plus éclairez qui ont eu connoissance du trouble excité dans les consciences que, dans le cas présent, c'est le moyen le plus convenable et le plus propre à fermer la bouche aux Ennemis de l'Eglize et aux personnes mal intentionnées, à rassurer les faibles et les simples, à édifier et fortifier les sages et les doctes, à ramener les esprits et à unir les cœurs, à cimenter la foy, à prévenir et à empêcher tout schisme, et à faire revenir le calme et la joye dans l'Eglise,

» Lecture faite dudit acte d'appel, en datte du 3 avril 1717 et publié dans son Synode, le 4 octobre 1718, Recteurs y assemblez, ayant en veüe toutes ces considérations, nous avons, en tant que besoin, donné acte dudit appel à Mondit Seigneur, ordonnant au surplus que ledit acte d'appel sera inscrit et inserez dans les Registres de notre officialité.

» Donné à Saint-Malo, ledit jour 21 octobre 1718, pour valoir et servir... ainsi qu'il ensuit[68]. »

68. Le registre de l'Officialité contient *in extenso* le mandement reproduit plus haut. Le document qui précède la lettre épiscopale est inédit.

Une partie du clergé malouin a souscrit à l'acte d'appel [69]. Celui de Saint-Servan n'a pas suivi l'évêque lors du synode. Pourquoi? Rien ne permet de le savoir. Quelques mois plus tard, cette omission est réparée. Le registre de l'Officialité renferme les signatures, à la date du 15 décembre 1718, de Simon Allain, recteur de Saint-Servan, docteur en Droit ; Jean Mahé, ancien curé ; Georges Bertin, curé ; André Lemercier, curé ; Mathurin Lucas, prêtre ; Olivier Le Breton, prêtre ; Jean Letellier, prêtre ; Jean Piniaut-Villemorin, prêtre ; du Moncel, prêtre ; Jean Lemée, prestre ; Jean Duval, prestre ; G. Berest, ptre ; M. Liout, ptre ; Jean Mahé, prestre, bachelier en Théologie ; Simon-André Allain, diacre et bachelier de Sorbonne [70].

Plus promptement que le clergé séculier, les religieux bénédictins, appartenant à la Congrégation de Saint-Maur, avaient suivi leur évêque. Le prieuré de Saint-Suliac se distingua par l'ardeur de son zèle, ainsi qu'en fait foi l'acte suivant [71] :

« Ce jour huitième octobre mille sept cents dix huit, nous nous sommes assemblez dans la sacristie de l'église de Saint-Sulia, Diocèse de Saint-Malo, sur les neuf à dix heures du matin, pour délibérer ensemble sur la Constitution *Unigenitus*... La chose mise en délibération, le saint nom de Dieu invoqué et tout murement pezé et considéré, nous déclarons par ces présentes et avons déclaré sans aucune sollicitation ny contrainte, mais avec une entière liberté, adhérer à l'appel de Monseigneur notre Evèque, Vincent-François Desmaretz... n'ayant pu nous déterminer à rece-

69. Ce fait prouve que l'influence exercée par les Lazaristes établis à Saint-Méen n'avait pas été partout triomphante. Les Fils de M. Vincent étaient, cependant, à peu près complètement immunisés contre l'erreur. « Le 12 novembre 1718, M. Bonnet — supérieur général — avait la joie de constater que, dans sa congrégation, personne n'avait abandonné le bon parti. « C'est un » espèce de petit miracle, disait-il, que personne n'ait lâché pied, après les » sollicitations qui leur ont été faites. » Ce triomphe ne devait pas durer. « L'année suivante, M. Bonnet ne pouvait plus redire ces paroles. Deux de ses prêtres du séminaire de Châlons s'étaient unis aux appelants. M. Bonnet les menaça d'expulsion s'ils ne se rétractaient. Ils obéirent. » COSTE, *La Congrégation de la Mission*, p. 81.

70. *Registre de l'Officialité*, fol. 11.

71. Sur ce prieuré, cf. GUILLOTIN DE CORSON, *Pouillé de Rennes*, I, p. 712, et II, p. 503 et seq.

voir ladite Constitution que nous ne croyons point être un Decret du Saint-Siège, auquel nous protestons toujours demeurer étroitement unis, comme au centre de l'unité ecclésiastique et sans que rien soit jamais capable d'arracher de notre bouche une seule parole qui puisse blesser le respect deub à notre S. P. le Pape ny la soumission parfaite que nous devons à l'Eglise catholique, apostolique et romaine, pour les intérêts de laquelle nous demandons à Dieu la grâce de combattre jusqu'au dernier soupir de notre vie et, à cet effet, nous avons député missire Noel Quenard, curé de la paroisse, pour aller présenter notre appel... à notre dit Seigneur Evêque, afin qu'il ordonne qu'il soit enregistré au greffe de son officialité et qu'il nous en soit rapporté acte.

» Dans la Sacristie de l'église de Saint-Sulia, le même jour et an que dessus.

» Ainsi signé : Noël Quénard, curé de Saint-Sulia, A. Gaudu, prestre; G. Perrinet, prestre, F. Jamet, ptre; G. Baston, ptre; Garnier, ptre. »

Plus important que le simple prieuré des bords de la Rance, le « royal monastère » de Léhon va, lui aussi, s'élever contre la bulle *Unigenitus* et la constitution *Pastoralis Officii*. L'Officialité de Saint-Malo accueille volontiers sa protestation de fidélité à l'évêque appelant et l'insère en ses registres.

« *Extrait du Registre des délibérations et actes capitulaires du prieuré de St Magloire de Lehon, près Dinan, diocèze de St Malo* [72].

» Le deuxième jour d'octobre, mil sept cents dix-huit, le révérend père Dom Léon le Chevallier, prieur claustral du prieuré et monastère de St Magloire de Léhon, Ordre de St Benoist, Congrégation de St Maur, ayant assemblé la Communauté au lieu de la Conférence, à une heure après midy, au son de la cloche, en la manière accoutumée; leur a représenté que pendant qu'il y a eu quelques espérances que N. S. P. le Pape Clément XI, pressé par les instances, les sollicitations et les supplications de plusieurs saints prélats et les gémissements de tous les ordres du Royaume, excité par les sages ménagements et les moyens de paix dont a usé le grand Prince qui nous gouverne pour engager Sa Sainteté à remédier aux maux et aux troubles que la Constitution qui com-

72. Sur ce monastère, cf. l'abbé FOUÉRÉ-MACÉ : *Le Prieuré Royal de Saint-Magloire de Léhon*, in-4°, Rennes, 1892.

mence par ces mots *Unigenitus Dei filius* a excités depuis cinq ans dans l'Église de France, reconnoistroit enfin qu'on luy a caché la vérité et qu'on l'a surpris par de fausses suggestions. il s'étoit contenté de les exhorter à joindre leurs prières à celles des fidèles, pour obtenir la paix de l'Eglise. Mais voyant avec douleur que le silence qu'on a gardé tant par respect pour la personne de N. S. P. le Pape que pour se conformer aux ordres du prince, au lieu de faire revenir de leurs égarements les défenseurs de la morale relâchée, n'a servi qu'à les rendre plus hardis à répandre leurs pernicieuses doctrines, dans des thèses publiques et autres escrits; et qu'estant de plus certainement informé que le St Père Clément XI, toujours prévenu par d'infidèles rapports, en estoit venu jusqu'à publier un Bref par lequel il séparoit de sa communion tous ceux qui ne recevront pas ladite Constitution; il se croyoit maintenant obligé, tant pour le repos de sa propre conscience et de celle des Religieux que pour obvier aux inconvénients de cette séparation et de tout ce qui pourroit s'ensuivre, (la voie des appels étant ouverte) de les inviter à suivre l'exemple de Son Eminence le Cardinal de Noailles et d'avoir, comme lui, recours au dernier remède qui est l'appel au Pape mieux conseillé et au futur Concile général plénier, qui sera légitimement assemblé de tout le monde chrestien; les avertissant cependant que bien loin que par ce recours à l'Eglise universelle, qui seule est la Colonne et la base de la vérité, il eut l'intention de les porter à cauzer aucun préjudice ny à déroger au respect dû au Souverain Pontife, qui a receu de Jésus-Christ la primauté dans toute l'Eglise, à l'honneur du Saint-Siège apostolique et à son authorité, à son unité: qu'il croyoit, au contraire, suivant la tradition générale des Saints Pères, que c'étoit le moyen le plus convenable qu'ils pussent prendre pour les conserver et pour les défendre, comme aussy pour maintenir la vérité des Dogmes, la pureté de la morale de l'Evangile et de la discipline ecclésiastique, et, afin de les instruire plus amplement des motifs d'un appel, il leur a leu distinctement l'acte d'appel de son Eminence le Cardinal de Noailles, archevesque de Paris, du 3 avril 1717, et publié à Paris, le 24 septembre 1718.

» Ladite lecture faite, la chose mise en délibération, il a été unanimement conclu qu'il seroit adhéré à l'appel interjetté par son Eminence Monseigneur le Cardinal de Noailles de la Constitution *Unigenitus* au Pape mieux informé et au Concile général; et, en y adhérant, nous sommes aussy appelants de la Constitution de N. S. P. le Pape Clément XI, laquelle commence par ces mots *Unigenitus* au Pape mieux informé et au Concile général futur qui sera légitimement et librement assemblé, en la manière et meilleure forme qu'il se peut, et de tout ce qui s'en est ensuivy et pourroit s'ensuivre, tant de la part de N. S. P. le Pape que de tous les autres;

protestant, au surplus, que nous n'entendons jamais rien dire ou même penser de contraire à l'église une, sainte, catholique, apostolique et romaine, ny à l'authorité du Saint-Siège apostolique, auquel nous protestons de demeurer attachez par une communion inviolable jusqu'au dernier soupir de notre vie et qu'aussy nous ne nous départirons jamais du respect et de l'obéissance légitime qui est due à notre Saint Père le Pape; entendons aussy qu'aussy tost que monseigneur l'Evesque de St Malo, dans le diocèse duquel nous avons le bonheur d'estre, aura rendu son appel publiq, il lui sera delivré acte des présentes, avec assurance de notre adhésion à son dit appel; lequel acte lui sera presenté par les députez nommés à cet effet, pour estre enregistré au greffe de son officialité, dont on lui demandera l'expédition en forme, qui sera insérée dans le présent livre.

» En foy de quoy j'ay dressé le présent acte par ordre du Révérend Père Prieur qui a signé avec tous les Capitulans présents appelants et moi, secrétaire du Chapitre, le jour et an que dessus et ont signé avec paraphe :

» Fr. Léon le Chevallier, prieur; fr. Nicolas Jacques Maumousseau, souprieur; fr. Louis du Bouëxic; fr. Julien de la Bouessière; fr. p. Renou; fr. François Papron; fr. J.-B. Lemasson; fr. B. Cousin; fr. Guillaume-Jacques Sohier; fr. G. Ronault; fr. Joseph Bubigné; fr. Jacques Lesné, secrétaire du Chapitre.

» Ce présent extrait attesté par moi, soussigné, secrétaire du Chapitre, véritable et conforme à l'original fait à Lehon, ce 4e jour d'octobre 1718.

» Ainsi signé : fr. Jacques LESNÉ, secrétaire du Chapitre.

» Ce troisième jour d'octobre mille sept cents dix huit, les Religieux de la Communauté ayant esté convoqués extraordinairement après vespres dans leur Chapitre, le R. P. Prieur leur a dit qu'il avoit receu de la part de Monseigneur de St Malo son mandement, par lequel il réitère son acte d'appel du 21e avril 1717, le dit mandement, daté du premier octobre 1718, et a ordonné au secrétaire du Chapitre d'en faire la lecture, laquelle estant faite, on a délibéré et conclu unanimement qu'on adhéreroit à l'appel dudit Seigneur Evêque, conformément à la conclusion de l'acte Capitulaire cy dessus et en conséquence a été dressé l'acte qui suit :

» Au nom de Notre-Seigneur Jésus-Christ. Amen.

» *Nous*, Prieur et Religieux du monastère de Saint Magloire de Lehon, ordre de St Benoist, Congrégation de Saint-Maur, à tous ceux qui les présentes lettres verront, *Salut* en Celuy qui est la voye, la vérité et la vie.

» Quoique pénétrez d'une vive douleur sur les maux présents de l'Eglise et même pressez intérieurement depuis longtemps d'élever notre voix et de nous joindre aux Illustrissimes et Révérendissimes Evêques qui ont les premiers appellé de la Constitution *Unigenitus*, nous souhaiterions cependant de tout notre cœur pouvoir encore demeurer dans un humble silence, tant par le respect profond et légitime que nous conservons et conserverons toujours pour notre Saint Père le Pape Clément XI et les souverains pontifes que par l'amour ardent que nous avons de la paix de l'Eglise, désirant très sincèrement, avec l'apostre, de voir régner l'unanimité dans les mêmes sentiments.

» Mais cette paix si fortement désirée et demandée avec tant d'instance par tous les Ordres du Royaume... s'est comme évanouye aux yeux et le silence que le Prince avoit sy sagement ordonné pour la procurer, n'a servy aux ennemis de l'Église qu'à exciter de nouveaux troubles. Les maux se sont multipliez sur la terre. La lumière pure de la doctrine céleste s'obscurcit de plus en plus par les ravages des nouveautés profanes. Les scandales croissent; les discussions s'échauffent... Il est à craindre que la foi chancelante de plusieurs ne soit entièrement renversée, que le lien de la paix ne soit tout à fait rompu et que les ennemis de la vérité ne triomphent. C'est pourquoy, pour conserver selon notre pouvoir les vérités chrétiennes que la Constitution paroist détruire et rétablir la paix de l'église, nous croyons devoir déferer toute affaire au jugement de l'Eglise universelle, qui est le tribunal souverain de la puissance spirituelle, la colonne inébranlable de la vérité et le sanctuaire assuré de la paix et de la charité.

» *A ces Causes* et autres énumérées dans l'acte Capitulaire cy-dessus et déduites plus au long dans l'acte d'appel de son Eminence le Cardinal de Noailles et dans l'appel et mandement de Mgr l'évêque de Saint-Malo: nous, absolument, et sans aucune restriction, adhérons à l'appel interjetté au Pape mieux conseillé et au Concile général par l'Eminentissime Cardinal de Noailles... et par l'illustrissime Evêque de Saint-Malo... Elevant nos esprits vers le Seigneur, mettant notre confiance dans sa vérité même, que nous suivons; après avoir préalablement renouvelé nos protestations énoncées dans notre délibération et appel... de ne jamais rien dire ny penser contre la Sainte Eglise... ny l'authorité du Saint Siège... pour la gloire de Dieu tout puissant, pour la conservation et l'exaltation de la foy catholique et de l'entienne doctrine, pour la paix et la tranquillité de l'Eglise du Royaume, nous sommes de nouveau appelants et appelons au Pape mieux conseillé et au futur Concile général... Protestant de renouveler le présent acte d'appel où, quand et devant qui il nous semblera bon estre. Et pour l'exécution des présentes et notification d'icelles avons prié, commis et député le R. P. Prieur, le Sous prieur, D. Jacques Lesné et D. Pierre Renou, Religieux de ce monastère, pour porter et présenter à Mgr l'Evèque de Saint-Malo, tenant son sinode à Dinan, le présent acte d'adhésion et d'appel et le prier, au nom de la communauté, de le joindre au sien et de vouloir nous en donner acte et le faire enregistrer au greffe de son officialité.

» Fait et passé à Lehon, dans notre Chapitre, sous le seel du monastère et le seing des capitulants appelants, le mardy, 4e jour d'Octobre 1718... et scellé en marge d'un sceau de cire rouge et au dos est escrit ce qui suit :

» Ce même jour, quatrième d'octobre, nous, députez de la Communauté de St Magloire de Léhon, pour l'exécution des présents actes cy-dessus, nous sommes transportés vers Mgr l'Evesque de Saint-Malo, tenant son sinode à Dinan, dans la salle des R. R. P. P. Dominicains, où ayant demandé audience et ayant esté introduits, avons présenté l'acte cy-dessus audit Seigneur Evesque, lui en avons demandé acte et prié de le joindre à son appel et ensemble les faire enregistrer au greffe de son Officialité et nous en faire délivrer une expédition. En suite de quoy, lui ayant laissé les présentes entre les mains, nous nous sommes retirez.

» En foy de quoy nous avons signé, ledit jour 4e octobre 1718.

» Ainsi signé : Fr. Léon le Chevallier, prieur; fr. Maumousseau, souprieur; fr. Pierre Renou et fr. Jacques Lesné, secrétaire du Chapitre[73]. »

VI. — Le chapitre de Saint-Malo était, on le sait, en désaccord presque perpétuel avec son évêque[74]. Pour une fois et pour un temps, la paix se fit. La bulle *Unigenitus*, dont l'acceptation causa par ailleurs tant de divisions[75], fut ici le pont jeté sur l'abîme. Le chapitre suivit son évêque et, comme lui, appela du Pape mal informé au futur concile œcuménique. L'acte d'appel — document unique dans

73. Document inédit.

74. Cf. *Rapport des commissaires nommés par Sa Majesté pour donner leur avis sur les contestations nées ou à naître entre Messire Vincent-François Desmaretz, évêque de Saint-Malo, et les nobles Doyens, Chanoines et Chapitre de la même ville*. Archives municipales de Saint-Malo, GG 207, Registre in-fol. de 524 feuillets, 1725. — Notons que Mgr Desmaretz n'était pas le premier prélat malouin qui eut maille à partir avec son chapitre. « La bonne fortune de cet évêque — Mgr de Villemontée — n'en fut pas moins troublée par l'ambition usurpatrice de son Chapitre, contre lequel il fut obligé de fulminer. » B. Robidou, *loc. cit.*, II, p. 64.

75. Cf. *Tableau de la division des Evêques de France au sujet de la Constitution « Unigenitus »*, Archives municipales de Saint-Malo, GG 290. Cf. *Inventaire sommaire des archives communales antérieures à 1790*, p. 40.

l'histoire religieuse de Bretagne — nous est parvenu en son intégrité [76].

« *Acte d'appel au futur Concile Général de la Constitution* Unigenitus, *interjetté par Messieurs les Nobles Doyen, Chanoines et Chapitre de l'Eglise Cathédralle de Saint-Malo* [77].

» Du Samedy 1 Octobre 1718, à trois heures après midy.

» Monseigneur l'Evêque de Saint-Malo est venu au Chapitre extraordinairement assemblé, où ont été présents Messieurs le Doyen, les Archidiacres de Dinan et de Porhoët, de la Haye, Goüin, de la Fresnays, Oresve, du Fresne, Loyvet, Vyart, J.-P. Magon, Clinet, Gazier, Brignon, Chaillou. Et a dit qu'il ne pouvoit plus différer de communiquer à Messieurs du Chapitre son Acte d'Appel au futur Concile général de la Constitution *Unigenitus*, qu'il avoit jusqu'à présent tardé de le faire, dans l'espérance qu'il avoit que les troubles qu'elle causoit dans l'Eglise de France se termineroient par une Conciliation qui mettrait à couvert les veritez de la Foy et la manière de les expliquer, conservant les règles de la discipline et de la morale, les libertez de l'Eglise Gallicane, les droits de l'Episcopat et ceux de nos Souverains.

» Qu'on venoit d'aprendre qu'il n'y avoit plus lieu de l'espérer, que N. S. P. le Pape avoit publié à Rome un Bref de séparation d'avec les Prélats qui, jusqu'à présent, n'avoient point accepté la Constitution; que quoi qu'il sçût déjà les sentimens de plusieurs de ses Confrères de cette Compagnie sur cette grande affaire, il jugeoit néanmoins à propos d'en faire part à tout le Corps, afin qu'ils prissent sur la matière telle délibération ils jugeroient convenable.

» Messieurs, après avoir entendu le discours de Monseigneur de saint Malo soûtenu des raisons les plus solides, ont admiré et loué son zèle pour la deffense de la Foy; ils l'ont même remercié de ne l'avoir point jusqu'à ce jour proposé la publication ou l'acceptation de la Constitution qui commence par ces mots, *Unigenitus Dei Filius pro nostra etc...* sur laquelle ils avoient gardé un silence respectueux, qu'ils auroient désiré continuer le reste de leur vie, s'ils ne se trouvoient forcés de parler, de seconder les bonnes intentions de leur illustre Prélat, et déterminés à le faire par les différens Brefs, les Bulles et les censures dont sont menacés ceux

76. *Archives départementales d'Ille-et-Vilaine*, G 101, *Officialité de Saint-Malo*; brochure de 14 pages, in-8°, ayant fait partie d'un recueil de mandements dont elle a été arrachée. Les feuillets en sont numérotés, à la main, de 342 à 356. Cet acte d'appel existe à la Bibliothèque Nationale, ainsi que celui de Mgr Desmaretz.

77. A Saint-Malo, de l'Imprimerie de Raoul de la Mare. Imprimeur de Monseigneur l'Evêque et du Chapitre. MDCCXVIII.

qui méprisans les mensonges frivoles des novateurs, ne croyent que les paroles de l'Eternelle Vérité, s'attachent à l'ancienne doctrine des Pères de l'Eglise, aux décisions des Saints Conciles et à la Tradition de la plus vénérable antiquité.

» La Matière ayant été mise en délibération, Messieurs ont déclaré qu'ils protestent ne vouloir rien dire, faire ou penser de contraire à la Doctrine de l'Eglise, ni se soustraire à l'obeïssance canonique qu'ils doivent et ont toujours voüée au Saint-Siège; mais qu'ils ne peuvent, quant-à-présent, accepter ladite Constitution de la manière et dans les termes qu'elle est conçüe; qu'ils reconnoissent que le souverain Pontife a une primauté dans toute la terre, qu'il est le successeur de S. Pierre et le premier Vicaire de Jésus-Christ, le Chef de l'Eglise et le Père de tous les Chrétiens; qu'ils reconnoissent pareillement que les Evêques dans leurs Diocèses peuvent être, en certains cas, les Juges de la foi et qu'il leur appartient, ainsi qu'au Souverain Pontife, de former des décisions (*cum Concilio Cleri*) le tout avec les restrictions et les modérations établies de droit.

» Mais sans se départir du respect et de l'obeïssance que le second Ordre doit au premier, suivant les Sanctions Canoniques et les Saints Decrets, Messieurs n'ayant rien plus à cœur que d'entretenir l'union du Corps mystique de Jésus-Christ; pour délibérer murement sur les Questions agitées, qui consistent principalement à sçavoir si l'homme sans la Grâce de Jésus-Christ a quelqu'autre chose que le péché; si le premier de nos titres auprès de Dieu est la Foy; si notre Religion a un culte d'amour; si on peut plaire à Dieu sans commencer à l'aimer; s'il y a une autre Grâce que celle de Jésus-Christ; si cette Grâce est toute puissante sur les hommes sans les contraindre ou les nécessiter; si elle a toujours son effet; s'il est louable d'obliger le pécheur à gémir pour obtenir l'absolution de ses crimes; si on doit deffendre la lecture de l'Ecriture Sainte; si une Excommunication injuste peut ou doit empêcher un Chrétien de faire son devoir et s'il est mauvais de dire que ceux qui veulent vivre avec piété souffriront persécution. Sur lesquelles on propose une décision de S. S. qu'on prétend être souveraine et irréformable, rendant de cette manière le S. P. seul Juge en matière de foi.

» Ils ont crû pouvoir suivre et prendre pour maître Saint Bernard. *Considerés*, dit ce Père, *ante omnia Romanam Ecclesiam cui Deo authore praees Ecclesiarum matrem esse non dominam, te vero non dominum Episcoporum, sed unum ex ipsis* et remontans aux siècles plus reculés, suivre l'opinion de Saint Cyprien parlant du Pape *tam judicari ab alio non potest, quam nec ipse potest alterum judicare, opinor utique in his quaestionibus quae nundum eliquatissima perfectione discussae sunt*. Celui de S. Augustin qui s'explique en ces termes : *si quod absit ita fuisset in Romana Ecclesia judicatum, ex hoc potius esset praevaricationis nota Romanis Clericis invenienda;* ce qu'il propose dans sa Lettre 43 contre les Donatistes, supposons, dit-il, que le pape Miltiade et les autres qui ont jugé avec lui n'ont pas bien jugé, on pourroit avoir recours à un Concile plénier de toute l'Eglise; *Ecce putemus illos Episcopos qui Romae judicarunt non bonos judices fuisse, restabat adhuc plenarium Ecclesiae universae Concilium, ubi etiam cum ipsis judicibus causa posset agitari, ut si male judicasse convicti essent, eorum sententiae solverentur.* Et le sçavant Bellarmin attaché à la Cour de Rome plus qu'aucun autre, qui met au nombre des causes pour lesquelles on doit assembler un Concile *Haeresis nova, id est nunquam antea judicata.*

» Ils souscrivent aux Saints Canons des Concile de Constance et de Basle, aux décisions des Assemblées de l'Eglise Gallicane tenuës en 1663, 1682, 1690 etc... touchant l'infaillibilité du Pape et la supériorité du Concile; ils reçoivent la Doctrine des Conciles d'Orange et de Trente, de Saint Augustin, de Saint Prosper, de Saint Fulgence et de plusieurs autres Saints Pères qui ont traité les questions qui font aujourd'hui la controverse de l'Eglise; et comme les gens mal intentionnés, partisans d'une doctrine nouvelle et pernicieuse, prétendent se servir de la bulle *Unigenitus*, pour établir leurs faux principes, en tirer des inductions, que les véritables enfans de l'Eglise ont peine à combattre, *in sensu obvio;* ils se croyent obligés de la refuser, de la même manière que l'Eglise Gallicane a refusé la Bulle d'Alexandre VII contre les Censures de la Faculté de Paris, celle d'Alexandre VIII contre les délibérations du Clergé et la Bulle *In Caenâ Domini*, en demeurans néanmoins toûjours inviolablement attachés au S. Siège et fidèlement soûmis à la Doctrine de l'Eglise.

» Messieurs ont aussi sondé leurs moyens de décider sur la conduite des Evêques acceptans, il leur a paru que la plupart ne l'a fait que relativement à l'explication qu'elle a fait de la même Bulle. reconnoissant qu'elle ne pouvoit être acceptée sans être expliquée: que les mêmes Prélats peuvent être touchés du principe qui établit que la crainte d'une Censure injuste peut empêcher un Chrétien de faire son devoir; mais ayant déclaré par leur Procez-Verbal du 23 Janvier 1714 qu'ils n'ont point sur cela d'obligation à imposer à leurs Confrères. Il doit paroître extraordinaire à la postérité qu'on veuille se servir d'une pareille acceptation pour contraindre d'accepter, ceux qui n'avoient donné aucun pouvoir de parler pour eux à l'Assemblée, et aux quels on y a laissé une liberté entière de faire ce qu'ils jugeroient à propos.

» Le droit établi de la sorte, ils ont discuté et examiné chaque proposition en particulier; ils ont remarqué que plusieurs des Propositions condamnées étaient entièrement conformes aux Ecrits des Saints Pères, à la Doctrine des Conciles, à celle des Théologiens et tirées mot à mot de quelqu'unes de ces sources respectables à tous les Fidèles; que d'autres étoient tronquées et, de cette façon, susceptibles d'un mauvais sens; que les autres comparées et jointes à différens endroits ou articles du même Livre, ne laissent aucun soupçon sur la Foy de l'auteur, et qu'enfin celles qui paroissent équivoques et aux quels on veut attribuer un sens erronée (*sic*), sont suffisamment expliquées par ses Mémoires dans lesquels se plaignant de ce qu'on n'a jamais voulu l'entendre, il a désavoüé les explications sinistres qu'on en faisoit et adopté par une Explication solennelle le vray sens de la Doctrine de l'Eglise, de sorte que ces Propositions ne peuvent être condamnées, sans en même tems condamner la Doctrine la plus ancienne et celle de la plus saine partie de l'Eglise, sans renverser la discipline, confondre la Hiérarchie et anéantir l'autorité souveraine de nos Rois; de sorte qu'on pourroit dire ce que les Evèques des Conciles de Tolède 14 et 15, disoient pour la défense du livre de Julien, contre la censure du Pape Benoit 2 : Ce n'est pas nous qui avons erré, ce sont ceux qui n'ont pas lû et examiné avec assez de soin les Propositions condamnées.

» L'examen sérieux et l'étude continuel (*sic*) que le Chapitre a fait depuis cinq ans de toutes les questions qui causent les troubles dont l'Eglise de France est agitée au préjudice de la Religion, l'extrême douleur avec laquelle il a veu les ennemis de l'Eglise Romaine triompher et tirer avantage de la division des Pasteurs, fondent le refus de se soumettre à l'acceptation de la bulle *Unigenitus;* et quoiqu'ils ne la regardent point comme un Acte juridique qui puisse servir de Loy, à l'exemple de plusieurs saints Evèques, des Universités les plus fameuses et un grand nombre de Chapitres et de Communautez; ils ont formé leur Appel ainsi qu'il suit :

» Nous, les Doyen, Chanoines et Chapitre de Saint-Malo, Coseigneurs de ladite Ville avec le Seigneur Evèque, le tout meurement considéré et le Saint Nom de Dieu invoqué, déclarons être appellans en tant que besoin seulement et avec révérence de ladite Constitution, déclarons de la même manière adhérer à l'appel qu'en a relevé Monseigneur notre Evèque au futur Concile général et plénier, légitimement assemblé, ainsi que *ab omnibus gravaminibus illatis et inferendis*, et pour expliquer plus au long notre doctrine, nos moyens, et rédiger par écrit tout ce qui a été dit à l'Assemblée, pour donner connoissance au peuple des justes motifs de notre Appel, les faire imprimer et divulguer, néanmoins sous le bon plaisir du Roi et avec la permission du sage Prince qui nous gouverne, S. A R. Monseigneur le Duc d'Orléans Régent, rendre le présent Acte d'Appel authentique et public, conjointement ou séparément avec Monseigneur l'Evêque, avons nommé avec Messieurs les deux Archidiacres, Messieurs de la Haye, de la Fresnays, Jacques Magon et Vyart, Chanoines de cette Eglise, auxquels nous avons donné pouvoir d'asister pour et au nom du Chapitre, au Synode diocésain convoqué à Dinan, au mardy 4 de ce mois; d'y notifier et faire lire le présent Acte, et délibérer conformément ainsi qu'il sera veu appartenir, sauf et sans préjudice de se pourvoir par autre voye pour faire valoir et enregistrer le présent. A l'endroit Monsieur Boullain, Chanoine de cette Eglise, a déclaré adhérer à la Constitution, et a demandé qu'il lui en soit décerné Acte, ainsi signé à la marge, Boullain; de laquelle Déclaration lui a été décerné Acte, sans qu'il puisse préjudicier aud. Appel. Et a été le présent signé de Messieurs,

*Signé :* Jean Josset, doyen, docteur de Sorbonne. — Julien Magon, archidiacre et chanoine théologal. — J.-L. Mellet de Mivoys, archidiacre et chanoine. — C. de la Haye. — Joseph Gouin. — Sébastien-Anne de la Fresnays. — F. du Fresne. — P. Loiyvet. — P. Vyart. — Jean-Pierre Magon. — Jazier. — Jean Brignon. — J. Chaillou. — P. Fortet, secrétaire.

Et, en marge, est Signé : Louis Clinet de la Chateignerais.

*Du lundy 3 Octobre 1718.*

Presens : Messieurs les Archidiacres de Dinan et de Porhoët, de la Fresnays, Loyvet, Dutrevou, Vyart, J.-P. Magon, Jazier, Brignon, Chaillou.

Lecture a été faite de la délibération prise dans l'Assemblée extraordinaire du Samedy premier Octobre, et a été ratifié d'abondant l'Acte d'Appel de la Constitution *Unigenitus*, auquel Monsieur Dutrevou, qui étoit absent ledit jour, a déclaré adhérer, approuver et consentir à tout ce qui a été arrêté et a signé.

Ainsi *signé :* Jean-Baptiste Dutrevou.

*Et plus bas :* Pierre Fortet, secrétaire.

*Du vendredi 7 Octobre 1718.*

Présents : Messieurs les Archidiacres de Dinan et de Porhoët, de la Haye, de la Frénays, Jacques Magon, Loyvet, Dutrevou, Vyart, Delîle, Brignon.

Monsieur Jacques Magon étant absent du Chapitre lors de la délibération faite au sujet de la Constitution *Unigenitus*, a déclaré y adhérer, approuver et consentir à tout ce qui a été arrêté par ladite Délibération.

Ainsi *signé :* Jacques Magon.

Ledit jour, M. Jean-Baptiste Delile, aussi Chanoine de cette Eglise, a fait enregistrer la Déclaration qu'il avoit faite au Synode d'adhérer aud. Appel et à lad. Déclaration faite à ce sujet en son absence et a signé : J.-B. Delile.

*Et plus bas* : P. Fortet, Secrétaire. »

On avait dû peser les termes de cette lettre importante. Elle ne fut cependant pas acceptée sans restriction[78]. Quelques semaines plus tard, en effet, le Chapitre publiait un second acte d'appel, en réponse, cette fois, à la Constitution *Pastoralis officii*[79].

« L'an mil sept cent dix-huit, le Samedy dixième jour du mois de Décembre, Messieurs les Archidiacres, Chanoines et Chapitre de l'Eglise Cathédralle de Saint-Malo, M. le Doyen absent. A tous ceux qui ces présentes Lettres verront, salut en nôtre Seigneur Jésus-Christ.

» Sçavoir faisons, qu'étant assemblez en nôtre Chambre Capitulaire par convocation générale, à l'heure et en la manière accoutumée, où se sont trouvez Messieurs les Archidiacres de Dinan, de Porhoët, de la Haye, de la Fresnaye, Jacques Magon, Loyvet, Dutrevou, Vyart, Jean-Pierre Magon, Delisle, Jazier, Brignon et Chaillou, tous Chanoines de ladite Eglise de Saint-Malo.

» Les Commissaires nommez par délibération du premier Octobre dernier, ont fait rapport à la Compagnie qu'il étoit tombé entre leurs mains certains Bref ou Lettres de nôtre Saint Père le Pape Clément XI, adressées à tous les Fidèles et publiées à Rome le 8 septembre 1718, qui commencent par ces mots *Pastoralis Officii*. Lesdits Commissaires députés pour l'examen de ces dites Lettres ont dit que rien ne prouvoit mieux la justice de l'Appel que le Chapitre a déjà interjetté de la Constitution *Unigenitus*, que ce nouveau decret de la Cour de Rome, aussi irrégulier dans sa forme qu'il est faux et dangereux dans ses maximes, rempli de principes ultramontains, inconnus à l'antiquité, contraires à la disposition des Saints Canons, au sentiment de l'Eglise de France, à l'usage et aux loix du Royaume.

78. *Nouvelles Ecclés.*, 1719, p. 17, extrait d'une lettre de Paris, du 28 février : « Le Chapitre de Saint-Malo a fait un second Acte d'Appel contre les Lettres Apostoliques, où l'on a rectifié quelques expressions qui avoient déplû, dans le premier Acte d'Appel, au Doyen du Chapitre et aux Vicaires Généraux de M. l'Evêque. Ces Messieurs ont souscrit à celui-ci sans aucune restriction. »

79. *Second Acte d'Appel de Messieurs du Chapitre de la même Eglise Cathédralle de Saint-Malo, au futur Concile général, des Lettres de nôtre Saint Père le Pape Clément XI, publiées à Rome le 8 septembre 1718, qui commencent par ces mots* PASTORALIS OFFICII, *etc.* — Extrait des Registres Capitulaires du Chapitre de l'Eglise Cathédralle de Saint-Malo. Aux Archives dép. d'Ille-et-Vil., G 101, Officialité de Saint-Malo, in-8°, 7 pages.

» Ils ont observé : 1° Que ces Lettres n'étoient point revêtuës de la forme ordinaire des Brefs, Bulles ou Constitutions, quoi qu'elles contiennent un jugement dans une matière importante.

» 2° Que ce jugement regardoit une affaire déjà portée à un Tribunal supérieur et de laquelle le Pape auroit cessé d'être Juge compétant par l'Appel au futur Concile général, interjetté et publié avant lesdites Lettres apostoliques, par plusieurs Evêques de France, tant pour eux que pour tous ceux qui y voudroient adhérer.

» 3° Que le Pape y soûtient ouvertement sa prétention d'infaillibilité et semble s'attribuer le droit de juger seul et exclusivement à tout autre les matières de la Foy, en exigeant pour sa Bulle *Unigenitus* une obéissance qu'il prétend lui être dûë et qui ne peut lui être refusée, une obéissance entière et sans réserve, *debitam et omnimodam obedientiam;* quoiqu'il soit certain que les Evêques ont par leur sacré Caractère droit de juger de ces matières, soit avant le Pape, soit avec le Pape et dans un Concile, soit après le Pape en examinant juridiquement ses décisions; qu'au surplus, Sa Sainteté paroist fonder cette prétention sur ces paroles de Jésus-Christ : *Rogavi pro te, Petre, ut non deficiat fides tua*, paroles qui, selon Saint Augustin, sont adressées à toute l'Eglise en la personne de Saint Pierre qui en étoit alors la figure, *Non omni modo ex ore Petri in quo erat typus Ecclesiae verbum veritatis ablatum est etc... Ipse Dominus ad Petrum rogavi inquit, pro te etc...* ou bien si l'on veut donner un sens plus littéral à ces paroles, on dira avec le même Saint Augustin, Saint Chrysosthome et plusieurs autres Pères de l'Eglise, qu'il ne s'agissoit que du tems de la Passion, où les Apôtres devoient estre extraordinairement tentés et que Jésus-Christ avoit prié pour Saint Pierre, non pas afin qu'il ne commît point d'infidélité, car il en fit une effroyable alors; mais afin que s'étant relevé de sa chûte, il ne perdît pas la foy pour toujours, et qu'ensuite il persévérât jusqu'à la fin, *ne deficiat fides tua, hoc est ne in fine pereas*, comme dit S. Chrysosthome en l'homélie 63.

» 4° Que le S. Père y regarde les Appels au futur Concile général comme un Procédé que la Cour de Rome a toûjours eu en exécration, quoique ce soit une voye très canonique, reconnüe par plusieurs saints Papes, et authorisée par la pratique de tous les tems, comme on peut le justifier par beaucoup d'exemples anciens et nouveaux, surtout par S. Cyprien et par S. Augustin dans sa Lettre 43 contre les Donatistes, qu'on a cité dans l'Appel de la Constitution *Unigenitus*, le grand S. Léon nous en fournit aussi un bel exemple dans son Epitre 39, *ad Theodosium Augustum*, dans laquelle il se plaint du brigandage d'Ephèse, demande que les choses demeurent dans le même état qu'elles étoient avant cette malheureuse Assemblée et supplie l'Empereur d'ordonner la célébration d'un Concile dans l'Italie, fondé sur l'Appel de Flavien.

*Cui Sacramento, quia impie nunc a paucis imprudentibus obviatur, omnes partium nostrarum Ecclesiae, omnes mansuetudini vestrae cum gemitibus et lacrymis supplicant Sacerdotes, ut quia et nostri fideliter reclamarunt, et eisdem libellum Appellationis Flavianus Episcopus dedit, generalem Synodum jubeatis intra Italiam celebrari etc... quam autem post interpellationem interpositam hoc necessario postuletur, Canonum Niceae habitorum decreta testantur, quae a totius mundi fiunt Sacerdotibus constituta etc...* Ce n'est pas à la vérité un Appel de la Constitution d'un Pape comme celui de l'Université de Paris en 1688, de la Bulle d'Innocent XI ou contre celle d'Alexandre IV dans le 13e siècle et plusieurs autres; mais c'est un Pape qui demande lui-même l'Assemblée d'un Concile général pour authoriser son sentiment et former une décision qui eût force de loy.

» 5° Ils ont remarqué que S. S. déclarant criminels et exclus de la Communion ceux qui n'ont pas reçû ou ne recevront pas sa Constitution, prétend imposer une peine très grave à des Evêques, des Chapitres, des Communautés, etc... qui ne l'ont point mérité; et que, par là-même, il envelopperoit dans cette Censure les Evêques et ceux qui n'ont reçu ladite Constitution que relativement aux explications; que cette peine de séparation n'avoit jamais été ordonnée par l'Eglise que pour des fautes considérables, et particulièrement contre ceux qui violoient la Foy et méprisoient les décisions des Saints Pères, comme on le voit dans le second Concile de Mâcon *Qui Patrum statuta contemnunt;* au lieu qu'elle est aujourd'hui portée contre ceux qui soutiennent la discipline et la vigueur des Saints Canons contre les entreprises de la Cour de Rome.

» 6° Ils ont encore observé que ce jugement est rendu à Rome en première instance contre des Evêques de France qui n'ont commis aucun délict et qui n'ont été ni cités, ni entendus, ce qui est manifestement contraire à la disposition des Canons, qui pour un pareil jugement demandent au moins une Assemblée de douze Evêques de la Province ou d'une Province voisine, si cella-là ne peut pas fournir ce nombre; aux Loix du Royaume qui ne permettent pas qu'un sujet du Roy soit jugé hors de ses Etats [80]; à la jurisprudence même de l'ancienne Rome, et aux principes du droit naturel qui veut qu'on ne juge personne sans l'avoir entendu.

80. Cf. *La Discipline de l'Eglise de France :* p. 49, de l'autorité et juridiction du Pape ; p. 50 : de la manière d'interpréter les bulles des Papes et quelle est leur autorité en France. « On distingue en France deux sortes de Bulles, de brefs et de rescrits. Il y en a qui sont entièrement rejettées, soit parce que les clauses et la forme en sont contraires aux maximes de notre gouvernement ecclésiastique, ou bien parce qu'on ne croit pas que le Pape ait l'autorité de nous donner des loix en France, sur les choses qui sont le sujet de ces Bulles, brefs ou rescrits. »

» 7° Ils ont remarqué enfin que le S. Père insinuë, dans ce decret, que la Bulle *Unigenitus* a été reçuë dans toute l'Eglise, et qu'elle fait règle de foi et qu'il traite de schismatiques et d'hérétiques les Prélats, les Chapitres, les Communautés et autres personnes qui ne l'ont point reçuë, que c'est là vouloir rependre les ténèbres sur la lumière, et imposer aux simples; puisqu'il est évident qu'une Bulle à laquelle on s'oppose de toutes parts, n'est point reçuë comme une règle de foi par l'Eglise; qu'il faudroit pour cela que tous les Evêques catholiques eussent jugé juridiquement et uni leurs jugemens avec celui du Pape, ce qui n'est point; la plûpart même des Evêques de France acceptans sont partagés entre eux sur le sens de la Bulle, et un grand nombre des témoignages des Evêques étrangers portant acceptation ou sont venus pour la plûpart des pays d'Inquisition ou presque tous fondés sur le faux principe de l'infaillibilité du Pape, de sorte qu'on peut dire que la Constitution n'est reçuë que de nom par ceux même qui paroissent l'avoir acceptée.

» Par tous ces motifs et plusieurs autres, qu'il seroit trop long de déduire, les Commissaires ont dit qu'ils jugeoient à propos et nécessaire d'interjetter un nouvel Appel au futur Concile général desdites Lettres qui leur ont paru n'avoir rien d'apostolique que le nom.

» Sur quoy, lecture ayant été faite tant de la Constitution que desdites lettres, de notre délibération du 1er Octobre, même de l'Acte du Synode diocésain du 4e du même mois portant Appel de ladite Constitution, l'affaire mise en délibération, le Saint Nom de Dieu invoqué, Nous persistons à dire que nous n'entendons en aucune façon nous départir de l'obéissance canonique et du respect que nous devons au Saint-Siège et au successeur de Saint Pierre que nous reconnoissons avoir de droit divin et par l'authorité de Jésus-Christ la primauté d'honneur et de jurisdiction dans l'Eglise et être le premier d'entre les Evêques dans l'unité de l'Episcopat, le premier vicaire de Jésus-Christ et le premier pasteur de son Eglise, mais soumis à elle et au Concile général qui la représente, suivant la tradition de tous les siècles et les décisions des Conciles de Constance et de Bâle; que nous reconnoissons aussi tous les Evêques pour juges ordinaires de la Doctrine.

» Nous disons encore que quand on ne feroit attention qu'à la manière dont la Constitution *Unigenitus* a été demandée et ensuite reçüe par l'Assemblée des quarante Evêques, qu'à l'opposition qu'y ont formé d'abord plusieurs grands Prélats, de célèbres Universités et les plus sçavans Hommes du second Ordre, aux troubles et aux cris qu'elle a excités parmy les fidelles de toute condition; quand on ne verroit que les conséquences et les fruits malheureux qu'en ont recueilli et en recueillent encore tous les jours des hommes inquiets et ennemis de toute vérité, il ne faudroit rien de plus pour être prévenu contre ladite Bulle et la rejetter; mais que si on en examine le dogme et le fond, on trouvera que cette Constitution donne atteinte à la doctrine de Saint Augustin sur la Grâce de Jésus-Christ, doctrine canonisée par tant de Souverains Pontifes, enseignée par Saint Thomas et transmise par lui dans les Ecoles catholiques; qu'elle paroist confondre la distinction des deux Alliances si clairement marquée par Saint Paul, dégrader le grand Commandement de l'amour de Dieu et la charité nécessaire pour rendre méritoires les Actes des autres vertus et dignes de récompense: renverser le langage ordinaire de la Foi et de la piété chrétienne, en condamnant des expressions consacrées par l'Ecriture et par la tradition, détruire l'utilité que les fidèles ont toujours tiré de la lecture des Livres saints, blesser la pureté de la morale, les règles de la discipline et les libertés de l'Eglise Gallicane.

» *A ces Causes* et pour les raisons rapportées dans notre Acte d'Appel du 1er Octobre de la présente année, Nous, comme dessus avons renouvellé et renouvellons en la meilleure forme et de la manière la plus authentique que nous pouvons ledit Acte d'appel au futur Concile général de la Constitution *Unigenitus* et de l'adhésion par nous faite à l'Appel de Mgr l'Evêque de Saint-Malo.

» Et de plus avons appellé et appellons en notre nom au futur Concile général du Decret de N. S. P. le Pape Clément XI commençant par ces mots : *Pastoralis Officii;* Nous mettant Nous, nos Personnes, nos Dignités, nos Droits et tout ce qui dépend ou dépendra de Nous sous la protection de Dieu et de l'Eglise Universelle, contre toute censure et excommunication venuë ou à venir au sujet de ladite Constitution ou dudit Appel.

» Lecture faite à haute voix du présent Acte d'Appel, Messieurs l'ont approuvé comme conforme à leurs intentions et ont ordonné qu'il seroit inséré tout au long sur leur Registre Capitulaire et l'ont signé :

» Julien Magon, archidiacre de Dinan et chanoine théologal. — J.-L. Mellet de Milvoys, archidiacre et chanoine. — Charles de la Haye. — Sébastien-Anne de la Fresnays, prieur de Saint-Thomas. — Jacques Magon. — P. Loiyvet. — Jean-Baptiste Dutrevou. — Vyart. — Jean-Pierre Magon. — Delile. — Jazier. — Jean Brignon. — Duplessix. — Chaillou, tous chanoines de ladite Eglise, et P. Fortet, secrétaire. »

« *Ratification de Messieurs qui étoient absens.*

» Nous, soussinés, chanoines de l'Eglise de S. Malo, absens du Chapitre lors que l'Acte d'appel cy-dessus du 10 du présent mois y a été leu et ratifié, déclarons qu'après en avoir eu communication Nous-y adhérons et l'approuvons en tout, comme étant conforme à nos intentions et consentons à tout ce qui a été arresté par ladite Délibération et l'avons signé :

» Joseph Gouin, Oresve P., docteur de la Société de Sorbonne, chanoine pénitencier et vicaire-général de Mgr l'Evêque de Saint-Malo, du Fresne.

» Monsieur Louis Clinet de la Châteignerais, docteur de Sorbonne, chanoine de ladite Eglise et vicaire-général de Mgr de Saint-Malo, absent pour les affaires du Chapitre a déclaré par une lettre insérée tout au long sur les Registres Capitulaires, adhérer au présent Appel et approuver tout ce qui a été fait et arrêté par ladite Délibération, et a signé ladite Lettre, Louis Clinet de la Châteignerais. »

Cette pièce semble, à la lecture, avoir été rédigée avec réflexion. Tous les termes n'en avaient pas cependant été suffisamment pesés. Quelques semaines plus tard, le 12 janvier 1719, deux vicaires généraux, les chanoines Oresve et Clinet de la Chasteigneraye, réclament de l'Official l'insertion dans son registre de la Déclaration suivante [81] :

« Nous soussignez, docteurs de Sorbonne, chanoines de l'Eglise cathédrale de Saint-Malo et vicaires-généraux de Monseigneur l'Evêque, déclarons au public par ces présentes qu'après avoir vu la Constitution de N. S. P. le Pape Clément XI commençant par ces mots : *Unigenitus Dei Filius*, du 8e septembre 1713 et avoir examiné avec toute notre attention les cent-une Propositions qui y sont condamnées; nous avons toujours crû que ladite Constitution ne pouvoit être acceptée, à moins que Notre-Saint-Père le Pape ne voulut lui donner les explications que les prélats non acceptans lui avoient demandées, et sur le refus qu'a fait S. S. de se rendre aux prières très humbles et très instantes qu'on lui faisoit de donner ou de recevoir des explications, on n'avoit pu prendre aucun autre parti que celui qu'ont pris les Evêques appellans au futur Concile général et libre; Déclarons qu'ayant veu l'appel particulier de Mgr l'Evêque de Saint-Malo, publié dans notre Chapitre extraordinairement assemblé le 1er octobre 1718, auquel Chapitre nous étions présents, nous avons unanimement, avec toute la Compagnie des Chanoines nos Confrères, adhéré audit appel de notre Evêque de la Constitution *Unigenitus* au Pape mieux informé et au futur Concile Œcuménique et y adhérons encore dans toutes ses parties.

» Mais ayant vu depuis la manière dont est dressé l'Acte d'Appel de ladite Constitution imprimé par l'ordre de Messieurs les Nobles

81. *Registre de l'Officialité*, fol. 14.

Doyens, Chanoines et Chapitre de l'Eglise cathédrale de Saint-Malo... dans lequel nos noms se trouvent incerez, nous avons été surpris de voir que dans la composition de cet acte, il s'est trouvé des choses que nous avons déclaré à la Compagnie ne pouvoir approuver, pour les raisons que nous lui avions exposées, dès avant la publication et l'impression dudit acte, en protestant en plein Chapitre, sçavoir moy, Orève, que je ne pouvois signer l'acte dressé de la sorte, comme, en effet, je ne l'ai point signé; et moy, Louis Clinet de la Chastaigneraye, je n'ai signé qu'en libellant mon apel en ces termes escrits de ma main à la marge du registre capitulaire : Je soussigné, prêtre, docteur en théologie, de la Faculté de Paris, de la Maison et Société Royale de Navare, déclare appeler purement et simplement au futur Concile général de la Constitution de N. S. P. le Pape Clément XI, du 8e septembre 1713, qui commence par ces mots : *Unigenitus*, en la même forme et manière qu'est conçu l'acte d'appel interjetté par nos seigneurs les évêques de Mirepoix, de Senez, de Montpellier, de Boulogne au sujet de ladite Constitution, je déclare en outre estre appellant au même Concile général des Lettres apostoliques de Sa Sainteté adressées à tous les fidèles, affichées à Rome le 8 septembre 1718 et qui commencent par ces paroles : *Pastoralis officii;* ainsi signé : Louis Clinet de la Chasteigneraye.

» Et cependant, en obmettant tout ce que dessus, dans l'imprimé on n'a mis seulement au bas de la page 6e ces mots et en marge signé : Louis Clinet de la Chastaigneraye.

» Quand à l'appel du 10 décembre 1718 interjetté par notre Compagnie... nous déclarons l'avoir librement ratiffié, excepté seulement les clauses qui réfèrent le premier acte d'appel... et qui donneroit *(sic)* lieu de croire que nous aurions aprouvé la manière dont il est composé. En foy de quoy nous avons signé de notre main... »

« Autre déclaration du 14e janvier 1719[82].

» Je, soussigné, déclare m'être trouvé, le premier jour d'octobre 1718, à l'assemblée capitulaire où, en opinant, j'ay adhéré, avecq mes confrères, à l'acte d'appel de monseigneur l'Evecque de Saint-Malo, de la Constitution *Unigenitus*... et y adhère encore. Mais quoyque j'ay signé sur le registre du Chapitre, estant détenu par maladie dans ma maison décanale, dans laquelle on me l'avoit apporté à signer et estant hors d'état d'examiner ledit acte d'appel, je n'ay jamais cependant prétendu l'approuver ni quant à la composition, ni quant aux citations, ni enfin quant à plusieurs choses qui y sont énoncées.

82. *Archives municipales de Saint-Malo*, Officialité, GG 294, fol. 15.

» Ainsi signé : Jan Jocet, docteur de Sorbonne, doyen et chanoine de l'Eglise de Saint-Malo.

IX. — La personnalité pourtant inconstante du cardinal de Noailles paraît avoir exercé une véritable fascination sur Mgr Desmaretz. Le 17 septembre 1718, l'archevêque de Paris avait lancé une *Instruction pastorale* contre la bulle *Pastoralis officii*, publiée par Clément XI le 28 août de la même année. Les collègues du cardinal qui lui étaient unis dans l'appel le félicitèrent de cette intervention nouvelle[83]. L'évêque de Saint-Malo lui écrivit dans ce sens[84] :

« A S. Malo, le 18 février 1719.

» Monseigneur,

» Il me semble que nous sommes bien récompensé du tems que vous aves pris pour donner au public votre *Instruction pastorale;* au moins, Mgr, jusqu'à présent ce que j'en ai lu me laisse toujours quitter cette lecture à regret; je ne say ce que diront nos adversaires à la citation de Vanderhart qui a donné les actes du Concile de Constance qui justifient les qualifications que les théologiens de ce concile avoient données à chacune des propositions condamnées in globo par les Pères du Concile. Votre réponse à la Bulle de Léon X est sans réplique; si l'on veut une fois cesser de se repaître de sophismes, on aprochera de nous, mais qu'espérer de Personnes capables de donner sérieusement à Son Altesse royale un mémoire comme celui du Cardinal de Bissy pour luy mettre devant les yeux les raisons qui ne permettoient plus à cette Eminence de consentir aux moyens de pacification que vous aviès proposés ? Quelles contorsions ne faut-il pas donner à sa raison pour donner de pareilles productions ? Est-ce par de pareilles routes que ce Cardinal conduira tous les évêques du monde[85] ? En vérité, Mgr, j'en suis stupéfait. Je suis persuadé que votre Instruction fera un très grand effet sur nombre de prélats mais surtout sur grand nombre

83. Le chapitre de la cathédrale de Paris, plusieurs curés, des communautés entières, la Sorbonne surtout renouvelèrent leur appel. Le Parlement de Paris reçut le Procureur général appelant comme d'abus de la bulle *Pastoralis officii*. Plusieurs des mandements épiscopaux contre l'appel furent supprimés par les Parlements et, le 25 octobre, le Régent intervint, mais en vain, pour rétablir la paix. Cf. *Mém. pour servir à l'hist. ecclés.*, I, p. 153 et seq.

84. Bibl. Nat., man. fr. 23218, fol. 103, document inédit.

85. Le cardinal de Bissy, évêque de Meaux, chef du mouvement antijanséniste.

de magistrats et sur les personnes qui veulent de la clarté, et des conséquences naturelles des principes que vous posez en un mot, Mgr, j'en espère très bien. Ménagez seulement vos forces et votre santé pour l'autre partie; l'ouvrage est trop gros pour que mon imprimeur l'entreprenne, mais je prendray des mesures pour faire venir beaucoup d'exemplaires de Paris. Je ne say ce que fera notre évêque de Tréguier. Il y a là trop de perplexité ou de mauvais rafinement[86]. Je vous envoye, Mgr, l'arrêt du Parlement de Bretagne. C'est celui que m'a envoyé le Procureur général[87]. La publication de cet arrest de Dol dans toutes les paroisses du ressort est désagréable pour certains évêques, mais, en vérité, on est forcé d'arester par des voyes fortes, ce qui n'est propre qu'à mettre tout en combustion[88]; tout ce que je vois et ce que je lis, Mgr, marque évidemment que les lettres patentes concernant l'enregistrement de la Bulle peuvent être révoquées présentement et que c'est un des grands moyens de donner la paix. Je suis avec un très véritable respect, Mgr, votre très humble et très obéissant serviteur.

† V. F., Evêque de S. Malo.

L'évêque ne veut pas être le seul à bénéficier de la bonne parole. En dépit de multiples obstacles, il s'efforce d'adresser à tout son diocèse le mandement du cardinal de Paris[89] :

« A Château-Malo, le 13 de juin 1719.

» Monseigneur,

» J'ay pris le parti d'envoyer aux recteurs de mon diocèse et aux supérieurs des maisons régulières, l'*Instruction* que votre Eminence a donnée au Clergé séculier et régulier du sien. La vérité est qu'ayant fait environ la moitié d'une lettre assez longue que je

86. Mgr Jégou de Quervilio, janséniste acharné. Sur ce prélat, cf. TRESVAUX, *Eglise de Bret.*, p. 373 et seq. — « MM. de Tréguier et d'Arras souffraient de voir leurs diocèses presque entièrement opposés au parti qu'ils avoient pris. » *Journal* de l'abbé DORSANNE, octobre 1719.

87. Huchet de la Bédoyère, dont il sera question au chapitre suivant.

88. Mgr de Sourches avait publié, le 27 septembre 1718, un mandement très énergique contre l'appel. Le Parlement de Bretagne supprima cette pièce. Cf. TRESVAUX, *loc. cit.*, p. 278 et seq., et mon étude sur le *Mouvement janséniste à Dol*.

89. Bibl. Nat., ms. fr. 23218, fol. 105. Document inédit. Il n'y a pas lieu de faire ici état d'un factum s. l. n. d., conservé à la Bibliothèque Nationale sous la cote Ld⁴ 850 et intitulé : *Lettre des fidèles Laïcs des Diocèses de Paris, de Laon, de Chalons-sur-Marne, de Metz, d'Auxerres, de Mâcon, de Senez, de Montpellier, de Mirepoix, d'Agen, d'Acqs, de Leictour, de Baïonne, de Boulogne, de Saint-Malo au Pape Clément XI.* Cet écrit anonyme ne renferme rien de particulier à la Bretagne.

voulois joindre à l'Instruction, j'ay appris qu'il paroitroit bientost une déclaration qui ordonneroit aux parties de ne rien donner sur la matière qui nous agite, cela m'a obligé, Mgr, de laisser ma première lettre et de donner promtement votre instruction avec un mot de lettre adressée à mon clergé, de laquelle lettre j'auray l'honneur de vous envoyer l'imprimé l'ordinaire prochain; je vous préviens là dessus, Mgr, parce qu'il y a assez de personnes charitables qui peuvent mander à Mgr le Régent que je fais distribuer votre Instruction dans mon diocèze non obstant la Déclaration. En ce cas vous pouvez dire que non seulement je vous avois mandé, il y a déjà du temps, que je la donnerois, mais que ma lettre a été donnée avant qu'il ait été question de la déclaration au Parlement de Bretagne. Je suis avec bien du respect, Mgr, votre très humble et très obéissant serviteur.

V. F., évêque de S. Malo.

» On m'envoye dans le moment, le petit mot de lettre pour joindre à l'Instruction et j'ay l'honneur de vous l'envoyer; on me mande que les paquets sont envoyés dans plus des trois quarts des endroits du diocèse où il faut les faire tenir. Ainsy nulle contravention à la déclaration dans mon diocèse au moins de ma part.

» Les Jésuites y vont bien verser le 4e avertissement de M. de Soissons. »

X. — A l'exemple du Chapitre, une partie du clergé de Saint-Malo était donc unie de cœur à son évêque. Comment les simples fidèles accueillirent-ils dans le diocèse les directions épiscopales ? Il serait fort intéressant de le connaître, mais les documents font défaut. Nous savons du moins, d'une manière certaine, qu'il y eut des opposants à l'Acte d'appel et qu'au premier rang, parmi eux, M. de la Garaye se dressa [90]. C'est ce qui ressort d'un document épiscopal présentant une autorité indiscutable, le *mandement* de Mgr de la Bastie *sur les vertus de M. de la Garaye* [91].

90. Sur ce personnage, cf. M. DE LA BASTIE, évêque de Saint-Malo, *Mémoires en six livres, précédés d'un mandement*, 1756. — LAVEILLE, *loc. cit.*, p. 253 et seq. — Abbé CARRON, *Vies des justes dans l'état du mariage*, in-12, Rennes, 1782, II, p. 136 et seq. — CATHÉNOS, recteur de Taden, *Vie de Mess. de la Garaye*, Saint-Malo, Hovius, in-12, 1790. — TRESVAUX, *Vies des Saints de Bretagne*, V, p. 417 et seq. — E. JAC, *Un gentilhomme apothicaire, le Comte de la Garaye*, in-12, Paris, 1906. — M. le comte du Pontavice possède au château du Bois-Bide, en Pocé-les-Bois, une bonne copie d'un portrait de M. et Mme de la Garaye. Sur cette dernière, voir un curieux poème de Mrs. NORTON, fille de Sheridan, *The Lady of la Garaye*, très populaire en Angleterre.

91. TRESVAUX, *Eglise de Bretagne*, p. 249.

L'évêque fait tout d'abord ressortir chez son héros la pureté de la croyance.

« Cet Esprit de foi, ajoute-t-il, lui avoit inspiré un grand respect et une grande soumission pour les décisions de l'Église. Il disoit souvent que la branche ne pouvoit vivre que tant qu'elle demeure attachée à la tige, que l'obéissance est le partage et la marque distinctive du Chrétien. Il gémissoit sur l'aveuglement de ceux qui refusent de se soumettre aux dernières décisions de l'Église et notamment à la Constitution *Unigenitus* et il ne craignoit point de dire qu'on devoit les regarder comme des hérétiques, avec qui les véritables fidèles devoient avoir le moins de commerce qu'il étoit possible. Il en donna lui-même l'exemple dans une occasion qui fit quelque bruit.

» S'étant trouvé en 1718 ou 1720 seul, dans l'église de St Suliac[92] à 5 heures du matin, un Prêtre nommé M. Jamet lui demanda s'il vouloit bien lui répondre la Messe. Après un moment de réflexion, M. de la Garraye, qui avoit des soupçons trop bien fondés sur la manière de penser de ce prêtre, ayant voulu s'en éclaircir, et ayant sçu de lui-même qu'il avoit appellé de la Bulle *Unigenitus* : « Trouvez bon, lui dit-il, que je ne vous serve pas la Messe ». Il n'y avoit aucun témoin de ce qui se passoit. Mais le prêtre l'ayant dit à son Recteur, celui-ci en informa M. l'Évêque de St-Malo qui écrivit à M. de la Garraye sur le scandale qu'il avoit donné. Mais ce prétendu scandale produisit au contraire un très grand bien. Un an après ce prêtre vint parler à M. de la Garraye, lui parut fort touché d'avoir appellé et lui demanda de quelle manière il pourroit réparer sa faute. M. de la Garraye lui dit qu'il devoit faire une rétractation en forme et la faire signifier à l'Officialité. Sur ce que le Prêtre répliqua qu'il n'avoit pas le moyen de payer les frais qu'ils en couteroient (*sic*) pour cette signification, M. de la Garraye lui prêta trente ou 40 livres, et l'on assure que la rétractation fut faite et que ce bon Prêtre fut depuis très soumis à cette Loy de l'Église Universelle.

» Il ne fut pas le seul que M. de la Garraye ramena à la soumission. Parmi plusieurs exemples qu'on pourroit citer, celui de M. Charles est un des plus remarquables. C'étoit un Prêtre appellant qui passoit pour très sçavant et très zélé. Il logea pendant quelque temps au château de la Garraye, je ne sçais à quelle occasion. Mr de la Garraye lui faisoit lire les principaux ouvrages

92. L'opposition, à cette époque, paraît avoir été vive dans les diocèses où les évêques avaient fait appel. Le *Journal* de l'abbé DORSANNE — oct. 1719 — nous montre ce mouvement de révolte dans les églises de Boulogne, Montpellier, Verdun, Châlons, Condom. Saint-Malo n'est pas compris dans cette nomenclature.

qui paroissoient sur les matières du temps et sur tout les Mandemens et Instructions Pastorales des Evêques, car il avoit soin de se procurer ces Ecrits aussitôt qu'ils paroissoient et il les lisoit avec soin, soit pour se confirmer dans la foi et dans l'obéissance dûe aux décisions de l'Eglise, soit pour être en état d'y confirmer les autres ou de les faire revenir de leurs préventions. Après que Mr Charles eut lu ces différentes Instructions, ils en conférèrent souvent ensemble. Dieu bénit le zèle de Mr de la Garraye. Ces lectures et ces conférences dissipèrent les préjugés de Mr Charles. Il reconnu et destesta (*sic*) sincèrement ses erreurs, rétracta son appel, donna un acte de sa soumission par devant Notaire et répara dans la suite, par une humble et parfaite soumission, le scandale de sa désoibéissance.

» Ceux qui ont pratiqué Monsieur de la Garraye sçavent de quelle manière il pensoit par rapport à ce qui se passe depuis quelques années au sujet des affaires de l'Eglise. Je ne sçais si l'on trouveroit dans le Royaume un Evêque dont le zèle soit plus ardent qu'étoit le sien. Il avoit beaucoup de peine à ne pas condamner les ménagemens que les plus décidés se croyoient obligés de garder pour éviter des plus grands maux. Il comparoit aux apôtres les prélats qui souffroient pour une cause qui intéresse si fort la religion. Il étoit pénétré de douleur des maux que souffroit l'Eglise. Mais il disoit hautement que l'unique remède à ses maux étoit une fermeté à l'épreuve de toute (mot passé) et une disposition à tout souffrir plutôt que de molir et de céder à l'orage. C'est ainsi qu'il s'exprimoit dans les Lettres que j'en ai reçües et dans les conversations que j'ai souvent eu avec lui sur ce sujet[93]. »

Mgr Desmaretz était loin d'être parvenu à cette orthodoxie parfaite qui caractérisait M. de la Garaye. L'évêque de Saint-Malo, en dépit des années qui se succédaient, persistait dans son appel au futur concile général.

93. Pages 146 et seq. — A la page 153, Mgr de la Bastie nous fait connaître l'appréciation de M. de la Garaye sur l'*Histoire Ecclésiastique* de Fleury : « C'est un méchant livre. Je l'avois autrefois, mais je m'en suis défait parce qu'il ne parle pas avec assez de respect du chef de l'Eglise. »

# III

## Les Convulsionnaires dans le diocèse de Saint-Malo (1733-1740).

I. Récit de l'abbé Manet. — II. La Mettrie convulsionnaire. — III. Récit d'un témoin oculaire. — IV. Récit du *Supplément Jésuitique*. — V. Guérison extraordinaire d'une femme atteinte de convulsions (1733). — VI. L'abbé de Saint-Verguet est interdit. — VII. Plusieurs des convulsionnaires malouins se réfugient au château de Fourneau. — VIII. Les convulsionnaires au château de La Bédoyère en Talensac. — IX. Jean La Calabre. — X. La spiritualité des convulsionnaires. — XI. L'abbaye Saint-Jacques de Montfort jansénisée. — XII. Le comte de La Bédoyère est exilé. — XIII. Jean La Calabre reçoit une lettre de cachet. — XIV. Un convulsionnaire au prieuré de Léhon. — XV. Que faut-il penser des convulsions ?

L'appel de l'évêque de Saint-Malo devait se prolonger, pour le malheur de son diocèse. « Il était d'autant plus fâcheux de voir M. Desmaretz engagé dans cette mauvaise voie qu'il possédait d'excellentes qualités et qu'il portait un vif intérêt à la prospérité de sa ville épiscopale ; mais il avait été... entraîné par l'exemple du cardinal de Noailles et de quelques autres évêques dans une opposition coupable au sujet de la bulle *Unigenitus* [1]. Il vécut ainsi l'espace de sept ans, donnant un déplorable exemple de la résistance aux lois de l'Eglise ; enfin, il eut le bonheur de reconnaître son égarement et de revenir sincèrement à l'unité en 1727 [2]. »

Il serait intéressant de savoir sous l'influence de quels motifs Mgr Desmaretz abandonna le camp des « Amis de la Vérité ». Il est possible que la politique ait eu quelque part dans une détermination si grave. Les jansénistes

1. LAFITEAU, *Histoire de la Constitution* UNIGENITUS, I, p. 33 et seq.

2. TRESVAUX, *Eglise de Bretagne*, p. 246. L'acte d'appel étant de 1718 et la soumission de 1727, le chiffre de « sept ans » donné par Tresvaux est inexact.

3. M. LE ROY, *loc. cit.*, p. 509, n'hésite pas à faire intervenir d'autres motifs pour expliquer le changement d'attitude du prélat : « Quand viendra l'heure des accommodements avantageux et que l'âge s'appesantira sur lui, il sera l'un des premiers à fléchir pour vivre en paix et être bien en cour. » Ce jugement me paraît appeler les plus expresses réserves.

étaient considérés à la Cour comme des perturbateurs de l'ordre public. L'argument du petit nombre des anticonstitutionnaires peut avoir fait grande impression sur l'esprit de l'évêque. Mais ce petit nombre ne lui était-il pas déjà connu lorsqu'en 1713, il refusait de recevoir la bulle? La lettre de soumission écrite en 1727 n'éclaire pas complètement le lecteur sur les dispositions intérieures du prélat en ces circonstances et, comme nous ne possédons qu'à l'état fragmentaire la correspondance de l'évêque de Saint-Malo, force nous est de renoncer à élucider complètement ce délicat problème de psychologie [3].

Des auteurs sérieux ont attribué le retour de Mgr Desmaretz aux scènes dont la ville épiscopale et le pays voisin furent alors le théâtre. « L'on eut, dans les environs de Saint-Malo, dit assez inexactement l'abbé Tresvaux [4], le triste spectacle des convulsions et autres extravagances de la secte. » Ce à quoi M. Pocquet du Haut-Jussé ajoute : « Ces tristes scènes éclairèrent-elles l'évêque Desmaretz? Ce qui est sûr, c'est qu'il revint de ses erreurs [5]. »

Il est impossible de croire que les excès des convulsionnaires malouins aient pu avoir une influence quelconque sur le retour à l'unité du prélat appelant [6]. La lettre d'adhé-

4. S'il faut en croire le Père Patouillet, *Supplément jésuitique*, 27 avril 1735, p. 85, « toute la Bretagne ne produisit que trois Convulsionnaires : sçavoir le comte de la Bédoyère, le frère Morin, Bénédictin, et la Veuve Duval, Malouïne ». Tous les trois relevaient, au spirituel, de l'évêque de Saint-Malo.

5. *Histoire de Bretagne*, V, p. 605.

6. Les convulsions ne sont pas d'origine parisienne. Au début du XVIIIe siècle, vers 1701, un calviniste ardent, nommé de Serre, établit dans le Dauphiné une école de prophètes. Plusieurs allèrent dans les Cévennes et le Vivarais et y trouvèrent des partisans nombreux. « Ils tenoient des assemblées où le prophète prêchoit, prédisoit et mêloit à ses discours des convulsions, des extases et tout ce qui pouvoit séduire des gens grossiers et crédules... Le don de prophétie fut communiqué à d'autres... Ils faisoient force contorsions et gambades. » *Mémoires pour servir à l'hist. ecclés.*, I, p. 11 et seq. — BRUEYS, *Histoire du fanatisme de notre temps*, 1692 (avec suite en 1709 et 1713). — MISSON, *Théâtre sacré des Cévennes*. — *Histoire des troubles des Cévennes*, par l'auteur du *Patriote françois impartial*, Villefranche, 1760, 3 vol. — « Trois d'entre eux, Marion, Fage et Cavalier, se distinguèrent dans la foule par un plus grand talent. Ils avoient reçu le *don* au plus haut degré et ils le prouvoient par des tours de force prodigieux. Ils éprouvoient, pendant l'inspira-

sion de Mgr Desmaretz à la bulle *Unigenitus* est du 21 décembre 1727 et les convulsions ne durent avoir lieu à Saint-Malo qu'à partir de 1733. On peut du moins penser que l'évêque, selon le conseil évangélique, « jugea l'arbre à ses fruits » et qu'il ne reconnut guère dans les excès commis par les dévots du diacre Pâris les fruits de « suavité, de modestie, de sainteté », que saint Paul considère comme les signes de la présence de l'Esprit de Dieu dans les âmes [7].

I. — Nous possédons deux descriptions de ces scènes étranges. La première est due à l'abbé Manet, qui l'a insérée dans sa biographie d'Offray de la Mettric [8].

« C'était en 1734, époque où le grand-œuvre des Convulsionnaires était en plein succès dans toute la France en général et à Saint-Malo en particulier [9]. Ces farces jansénistes ne se faisaient pas chez nous avec moins d'édification qu'on n'en avait remarqué au cimetière de Saint-Médard, à Paris, sur la tombe du prétendu saint diacre où elles avaient pris naissance [10]. Le principal théâtre où

tion, des agitations extraordinaires, jetoient de grands cris, remuoient la tête et les bras et se secouoient si fort qu'on ne pouvoit les retenir... *Le don* des uns a beaucoup d'analogie avec *l'œuvre* des autres. Leurs contorsions et leurs prophéties sont également ridicules. Seulement, il faut reconnoître que la gloire de l'invention appartient incontestablement aux échappés des Cévennes et qu'il ne reste aux saltimbanques, qui brilloient avec tant d'éclat à Paris, quelques années plus tard, que l'avantage d'avoir étendu et perfectionné ce que leurs prédécesseurs avoient commencé. » *Mémoires pour servir à l'hist. ecclés.*, I, p. 37 et seq.

7. *Epist. ad Galatas*, V, 22.

8. *Biographie des Malouins célèbres*, p. 197.

9. Les convulsions commencèrent au cimetière de Saint-Médard vers le milieu de 1731. Le 27 janvier de l'année suivante, une ordonnance du Roi en ferma la porte, ce qui donna lieu à un brocart célèbre et à des pamphlets moins connus. Le 17 février 1733, parut une ordonnance du Roi défendant, sous peine de prison, de tenir des assemblées publiques et privées de convulsionnaires et d'y assister. Cf. l'ouvrage anonyme intitulé *Questions sur l'origine et le progrès des convulsions*. L'ordonnance s'étendait à toute la France, mais on l'appliquait en province avec un zèle plus ou moins vif. On sait que de nombreux parlementaires, même dans la capitale, n'hésitaient pas à croire aux prodiges accomplis par le diacre Paris. — GAZIER, *loc. cit.*, I, p. 277.

10. Les convulsions ne se manifestèrent pas au début des pèlerinages dont ce tombeau fut l'objet. Une gravure janséniste, sans nom ni date, en fait foi. Elle porte en tête cette phrase : *Le Tombeau du B. François de Paris, Diacre de l'Eglise de Paris, Mort le 1er May 1727, Illustré par des miracles sans nombre et des conversions éclatantes*. Au-dessous de la gravure est gravée cette phrase d'Isaïe, XXXV, 4 et 5 : *Dites à ceux qui ont le cœur abbattu : Prenez*

s'exerçaient en nos murs ces pieuses folies était au haut de la rue des Cimetières, chez une couturière nommée la mère Duval. Quelques pauvres têtes s'y réunissaient régulièrement[11]. Les unes avaient le talent singulier d'aboyer au naturel dans leurs extases; les autres, de mâcher et de ruminer dans la même perfection que la vache et le bœuf; d'autres, encore en plus grand nombre, de s'agiter d'une façon parfois trop indécente, lorsqu'on leur faisait l'application de quelque morceau de la calotte du B. Paris[12], de quelques fragmens de son bois de lit, ou de quelque sachet rempli de la terre de son tombeau[13]. Les plus spirituelles se mêlaient même de feindre l'inspiration et de prophétiser. Les dévotes représentations avaient lieu à diverses heures du jour, mais spécialement le soir. »

L'abbé Manet parle ensuite « d'un jeune médecin qui venait y préluder par des sottises mystiques de sa façon aux sottises impies qu'il devait bientôt répandre avec profusion dans la société ». Le convulsionniste ainsi visé n'est autre que le célèbre Julien-Jean Offray de la Mettrie[14]. Sa pré-

*courage : ne craignez point : Dieu viendra lui-même, et vous sauvera. Alors les yeux des aveugles verront le jour et les oreilles des sourds seront ouvertes.* A gauche, au premier plan, le tombeau se dresse, dalle funéraire supportée par quatre piliers de pierre. Deux malades sont couchés dessous. Sur la dalle elle-même, deux femmes sont étendues, l'une les mains jointes, l'autre évanouie. Au pied du tombeau, deux malades sont assis, un homme et une femme. Un suppliant s'appuie des deux coudes sur la pierre sacrée. Un aveugle cherche à l'atteindre. Autour du sépulcre, sous la galerie du cloître entourant le cimetière Saint-Médard, une foule nombreuse de laïques et d'ecclésiastiques regarde et prie. Au centre du tableau, trois personnages en robes et rabats, sont évidemment des jansénistes de marque que je n'ai pu identifier.

11. « L'ordonnance du 27 février 1732 n'avoit fait qu'obliger les convulsionnaires à changer de théâtre. Ils s'étoient retirés dans des maisons de particuliers et, dans ces asiles privés, ils donnoient encore plus l'essor à leurs extravagances. » *Mémoires pour servir à l'histoire ecclésiastique*, II, p. 116.

12. Sur les origines du culte de ce diacre, cf. *Mémoires pour servir à l'hist. ecclés.*, p. 82 et seq. — On peut voir un prélude de tout ce délire des convulsions et des miracles dans le fait étrange que signale SAINTE-BEUVE, *Port-Royal*, VI, p. 188. Des chants célestes furent entendus dans le vallon de Port-Royal, au cours de l'agonie d'une des abbesses, Elisabeth de Sainte-Anne Boulard, le 20 avril 1706.

13. On avait envoyé de cette terre sacrée dans toutes les provinces. Cf. le *Journal* de BARBIER, septembre 1734. Les adversaires des jansénistes s'en amusaient. Les miracles se produisirent « aussi bien dans les provinces, mais en petit nombre. Les moyens n'y étaient pas aussi puissants qu'à Paris ». *Mém. pour servir à l'hist. ecclés.*, II, p. 89.

14. Né à Saint-Malo, le 19 décembre 1709 ; mort à Berlin, le 11 novembre 1751. Sur ce personnage, cf. *Eloge de trois philosophes*, Londres, 1753, et *Eloge du sieur La Mettrie*, La Haye, 1752. — Abbé MANET, *Biogr. des Malouins célèbres*, Saint-Malo, in-8°, 1824. — P. LEVOT, *Biogr. bret.*, Vannes, 1857, in-8°, II, p. 124 et seq. — J. ASSEZAT, *L'Homme-machine, par La Mettrie*, Paris, 1865, in-12. —

sence en cet endroit a de quoi étonner. Aussi l'abbé Manet ajoute-t-il aussitôt : « Ce qu'on aurait peine à croire si le fameux incrédule Montgeron n'en eût fait autant au su de toute la capitale. » Sous la plume du roi de Prusse Frédéric II, la même affirmation se retrouve : « Il devint janséniste et composa un livre qui eut vogue dans le parti[15]. »

Un article paru sans nom d'auteur dans l'*Union malouine et dinanaise*[16] n'a pu qu'accueillir avec réserve ces dires des contemporains de la Mettrie :

« Une pareille affirmation peut surprendre ses biographes les plus avertis, MM. Pierre Lemée et Etienne Dupont. La philosophie des dernières années de ce matérialiste ne semble pas s'accorder avec la ferveur religieuse des disciples du diacre Pâris. Et cependant, les ardeurs constantes de sa plume, la vivacité de ses amitiés et de ses haines, l'âme qui se révèle derrière « l'Homme-machine » témoignent bien d'un caractère émotif à l'extrême qui put, à la sortie d'une formation et d'études religieuses prolongées, lui faire traverser une crise redoutable et violente, avant de sombrer dans l'athéisme.

» D'ailleurs, ne semble-t-il pas avouer avoir été un peu entraîné vers ce mysticisme, quand, longtemps après ces événements, il écrit en 1748, dans l'*Ouvrage de Pénélope* : « Ce vieux fou[17] ne voulut-il pas échauffer mon imagination, comme la sienne, et me faire croire au sortilège ? » Alors les convulsions de la troupe janséniste de l'abbé Pâris étaient en vogue, et chacun apprenait à l'envie à se servir avec assez d'imagination pour s'en procurer[18].

» Il ne reste nulle trace de l'ouvrage janséniste que La Mettrie aurait écrit, selon les souvenirs de son ami Frédéric II. Etait-ce un imprimé ou un manuscrit qui se passait sous le manteau, au risque d'encourir toutes les sévérités des justices civiles et ecclé-

N. QUÉPAT, *Essai sur La Mettrie, sa vie et ses œuvres*, Paris, 1873, in-12. — PORITZKY, *La Mettrie*, Berlin, 1900, in-12. — PICAVET, *La Mettrie et la critique allemande*, Paris, 1889. — E. BERGMANN, *Die satiren des Hern Maschine*, Leipsick, 1913, in-8o. — Et. DUPONT, *Union mal. et din.*, 25 avril 1924. — P. LEMÉE, *Une figure peu connue, Offray de la Mettrie*, dans les *Annales de la Société historique et archéologique de Saint-Malo*, 1925, p. 1-52. — *Biographie universelle*, XXVIII, p. 476.

15. Tiré de l'*éloge de l'auteur*, par le roi de Prusse. Se trouve en tête des *Œuvres de La Mettrie*, nouvelle édition, Berlin, 1774, 2 in-8o. Voir également les éditions d'Amsterdam, 1774, 3 in-12, et de Paris, Ch. Tutot, 1796, 1 in-8o.

16. Le 31 décembre 1926, sous ce titre : *La Mettrie Janséniste ?*

17. Le docteur Andros.

18. Tome II. p. 101. Sur cet ouvrage, cf. COLONIA, *Dictionnaire des Livres jansénistes*, Anvers, 1752, in-12.

siastiques ? La répression ordonnée par la Bulle *Unigenitus* s'exerçait à Paris, tandis qu'à Saint-Malo l'Evêque avait solennellement abjuré les erreurs qu'il avait longtemps propagées. Il n'y a rien d'étonnant qu'il ne nous soit rien parvenu de cet ouvrage, si tant est qu'il ait existé.

» Devons-nous croire l'abbé Manet, qui affirme que le jeune La Mettrie fréquentait les convulsionnaires malouins de la rue des Cimetières, en 1734 ? Nous n'avons pas à accorder une foi aveugle à ce docte historien, qui n'est cependant pas toujours partial et inexact; et La Mettrie a bien pu participer aux folies jansénistes malouines, puisqu'en 1734, il était à Saint-Malo et que, dans notre ville, il y avait des convulsionnaires. »

L'abbé Manet a dit vrai et la question est désormais réglée [19]. Un texte de quelques lignes, enfermé dans les gros in-octavo du *Supplément jésuitique* [20], va faire, sur ce point, une lumière définitive :

« Parmi nos autres Quenellistes, il y en a deux qui se distinguent particulièrement : sçavoir un ancien Diacre appelé Bourdas [21] et un jeune Médecin nommé Lamettrie. Celui-ci est à Paris depuis six mois. Il a passé quelque tems en Hollande, où il avoit paru goûter fort le sistème du Tolérantisme en matière de Religion [22]. Aujourd'hui, il se déclare en faveur du Jansénisme et du Convulsionisme. Nos Mélangistes regardent ce changement du sieur Lamettrie comme une opération miraculeuse, dont ils font honneur au B. Diacre. « Ce Médecin, disent-ils, était parti du Déisme et le voilà défenseur du Convulsionisme. Quelle conversion ! » C'est-à-dire qu'après avoir été incrédule jusqu'à l'impiété, il est devenu crédule jusqu'à la superstition. »

On se trouve ici en face d'un cas psychologique intéressant. Pourquoi La Mettrie fréquentait-il chez la Duval ? Etait-ce chez lui le désir de satisfaire une curiosité natu-

19. Elle l'était depuis longtemps pour quelques-uns. Levot, par exemple, écrivait en 1857 : « Il revient à Saint-Malo (en 1738) et partage son temps entre la composition et la traduction de divers ouvrages de médecine et la fréquentation de la maison d'une nouvelle convulsionnaire, la veuve Duval, chez qui se renouvelaient, à huis-clos, les folies mystiques dont le tombeau du diacre Pâris avait déjà été le théâtre dans le cimetière de Saint-Médard. » *Loc. cit.*, II, p. 124 et seq.

20. Année 1738, p. 187, A Saint-Malo, ce 15 Novembre.

21. On retrouvera ce personnage dans la suite.

22. Cette affirmation est exacte. Devenu docteur en médecine, La Mettrie était parti pour Leyde en 1733.

relle ou d'éprouver des sensations plus ou moins morbides ? Il est permis de croire autre chose. Le futur athée avait été destiné par son père à l'état ecclésiastique. Mais après avoir séjourné, comme élève, chez les Jésuites de Paris et de Caen, il était devenu le disciple, à Paris, d'un professeur de philosophie nommé l'abbé Cordier, « fameux janséniste, dit Levot, dont il embrassa et défendit les opinions avec une extrême vivacité ». Il devait changer promptement d'avis sur les questions religieuses et peut-être, pour citer encore le même auteur, « les extravagances par lesquelles (il) préludait... à ses impiétés exercèrent-elles une funeste influence sur son imagination naturellement mobile et ardente ».

Quoi qu'il en soit, La Mettrie prit nettement position dans le camp des « philosophes ». En 1742, alors qu'il était médecin du régiment des Gardes Françaises, il publiait son *Histoire naturelle de l'âme*, où le matérialisme était érigé en principe. Le scandale fut énorme et La Mettrie composa, pour se venger, une satire dirigée contre ses confrères et intitulée *la Politique des Médecins*.

Il quitta l'armée et se réfugia à Leyde où il lança l'*Homme-machine*, en 1746. Le livre fut brûlé par ordre des magistrats. Mais le roi de Prusse, Frédéric II, qui se piquait comme on le sait de tolérance, engagea La Mettrie, par l'entremise de Maupertuis, à venir à sa cour. L'auteur incriminé répondit à ces avances en 1748. Il fut nommé lecteur du Roi et devint membre de l'Académie de Berlin. Pendant ce séjour qu'il qualifia quelquefois de « dur esclavage », La Mettrie publia de nombreux ouvrages qui n'eurent pas le don de plaire à tous [23]. Il mourut le 11 novembre 1751, à l'âge de quarante-deux ans, et

23. « Il faisait ses livres sans dessein, dit MAUPERTUIS (*Œuvres*, III, p. 346), et quelquefois sans savoir ce qu'ils contenaient. » — Cf. également DENINA, *La Prusse littéraire*, III. — DAMIRON, *Travaux de l'Académie des Sciences morales et politiques*, VII, 2e série. — QUÉRARD, *La France littéraire*, IV, p. 495 et seq.

l'annonce de son trépas excita la verve de Voltaire[24]. Avec lui disparaissait le plus illustre des convulsionnaires malouins.

III. — Le récit de l'abbé Manet est confirmé par un témoin oculaire. Nous possédons une description plus détaillée des scènes de convulsions de Saint-Malo ; elle est due à T. Desmazières de Séchelles [25] et avait paru d'abord dans le *Commerce Breton* du 25 avril 1860[26].

« La province imita la capitale et la ville de Saint-Malo qui, à toutes les époques prit une part active à tous les divers mouvements, eut également sa *maison de saints*. Elle était située rue des Cimetières[27], et appartenait ou était louée à une couturière nommée la *veuve Duval*. Laissons parler un témoin oculaire[28]. « Je suivis alors dans un escalier étroit plusieurs personnes qui m'étaient complètement inconnues et parmi lesquelles je me glissai sans être remarqué, grâce à la nuit. J'arrivai ainsi au troisième étage de la

24. « Ce La Mettrie, cet homme-machine, ce jeune médecin, cette vigoureuse santé, cette belle imagination, tout cela vient de mourir, pour avoir mangé, par pure vanité, tout un pâté de faisan aux truffes... Il a prié mylord Tyrconnel, par son testament, de le faire enterrer dans son jardin. » *Lettre au duc de Richelieu*, 13 nov. 1753. — « Les bienséances n'ont pas permis qu'on eût égard à son testament. Son corps a été porté à l'église catholique, où il est tout étonné d'être. » *Lettre à Mme Denis*, 14 nov. 1753.

25. Sur cet auteur, cf. KERVILER, *Bio-bibliographie bretonne*, XII, p. 116. Avocat à Saint-Malo, il a publié plusieurs brochures sur *l'abbé Manet*, *Noguette et ses sœurs*, *Messieurs de Saint-Jean*, *Descente des Anglais à Cancale en 1758* (Mémoire de l'abbé Carfantan des Déserts), *l'Entrée du Roi Charles IX en sa bonne ville de Saint-Malo, 1570*.

26. M. POCQUET DU HAUT-JUSSÉ a cité cette relation dans son *Histoire de Bretagne*, V, p. 605. Il donne comme référence *Le Collectionneur breton*, Recueil historique, archéologique et littéraire, IV, p. 58, 1864, Nantes, bureaux de la *Revue de Bretagne et de Vendée*. Cet opuscule est très rare. La bibliothèque municipale de Saint Malo le possède, ainsi que celle des Archives départementales d'Ille-et-Vilaine. Ce texte a été inséré dans l'*Union malouine et dinanaise*, no du 31 décembre 1926.

27. Actuellement rue du Collège, disent plusieurs auteurs. On continue de raconter à Saint-Malo que la maison de la mère Duval était située rue Pélicot. Je laisse à de plus habiles le soin de résoudre cette petite énigme. En tout cas, la « rue du Collège » n'existe plus à Saint-Malo. Elle s'appelle rue André-Désilles.

28. Nous ne connaissons pas son nom et c'est grand dommage. Néanmoins il semble bien que le récit donné par M. de Séchelles porte en soi tous les caractères désirables d'authenticité. L'auteur termine ainsi son article : « Comme le hasard nous a fait tomber (cette page) entre les mains, nous n'avons pas même cherché à nous procurer le reste du récit, persuadé qu'il serait impossible de le retrouver. »

*bonne mère*[29]. Dans une grande salle, sur une estrade élevée, étaient agenouillés plusieurs pères et plusieurs mères[30] avec nombre de gens de qualité de Saint-Malo[31] et quelques ecclésiastiques[32]. Ils bredouillaient tous des prières que je ne pus comprendre. Ils se levèrent ensuite; sur un signe d'un homme âgé qui paraissait être le maître de toutes les cérémonies une porte s'ouvrit au fond de la salle et quatre hommes apportèrent sur une table une jeune fille, la nommée Jeanne Meingard, de Saint-Malo (comme je le sus plus tard). Elle semblait une sorte de furie, se tordant, écumant. Elle s'arrachait les cheveux et mordait à belles dents ceux qui portaient la table[33]. Le chef à cheveux blancs se

29. La veuve Duval. Il fallait montrer patte blanche pour pénétrer dans le cénacle. « La Dubois introduisoit chez la Duval pour les convulsions. » *Supplément jésuitique*, 1735, p. 56.

30. Les plus zélés jansénistes.

31. Silence regrettable également de la part de l'auteur. Mais il a écrit trop près des événements et cela le gênait pour tout dire.

32. Est-il possible de placer parmi ces assistants les abbés de la Vigne-Bernard, Poidlouë, Tillard, Pain, tous jansénistes convaincus ? Nous verrons au chapitre suivant, en les prenant dans les *Nouvelles Ecclésiastiques*, quelques autres noms d'appelants appartenant au clergé malouin. Rien, dans le récit janséniste, n'indique qu'ils aient assisté aux réunions tenues chez la mère Duval. Le Père Patouillet a été moins discret. Dans son *Supplément jésuitique*, 1734, p. 89, il dit, en parlant de l'abbé de Saint-Verguet : « Le bon curé assistoit à ces scènes où ses pénitentes faisoient les principaux rôles. » *Ibid.*, 1735, p. 56 : « Saint-Verguet assistoit régulièrement et publiquement » aux assemblées tenues chez la Duval « et publioit partout que c'étoit divin ».

33. Les convulsionnaires de Saint-Malo suivaient scrupuleusement, si je puis parler ainsi, le rituel de la secte. Nous possédons, en effet, dans bon nombre d'auteurs, tous les renseignements nécessaires pour reconstituer ces scènes étranges et les manifestations insensées auxquelles elles donnaient lieu. « Le cimetière de Saint Médard étoit un théâtre où se jouaient les scènes les plus extravagantes. C'étoient les convulsions, espèce de maladie frénétique, ou plutôt d'imposture honteuse, dont il étoit donné au sieur Pâris de tourmenter ceux qui lui étoient dévoués. On n'avoit pas encore vu de saints qui, au lieu de guérir ceux qui les invoquoient, leur envoyassent des secousses violentes, du délire et tous les attributs de la fureur. Cette gloire étoit réservée au patron des appelans... » Le premier convulsionnaire de Paris fut un boiteux nommé Bescherand. « Les convulsions le prirent : des mouvements violents, des sauts, des élancemens, des agitations furieuses, tel étoit le caractère de ces sortes de scènes... Tous les jours, (ce boiteux) venoit se mettre sur le tombeau et là, représentant l'Eglise (car on ne craignoit pas de lui appliquer ces mots : *Personam gerit Ecclesiae*), il se déshabilloit et recommençoit ses sauts et ses gambades. Les louanges qu'on donnoit à ce ridicule fou, l'accueil et les caresses qu'il recevoit, firent naître à d'autres le désir d'avoir des convulsions. Ils en eurent; la folie gagna et la tombe devint un théâtre où accouroient les gens en santé et les malades qui briguoient l'avantage d'être convulsionnaires. On voyoit des hommes, ne gardant de leurs habits que ce qu'ils ne pouvoient absolument ôter, s'agiter comme des furieux. On voyoit des femmes éprouver les secousses les plus violentes, tantôt assises sur les genoux des hommes, tantôt debout contre leurs bras. On n'ôsoit les laisser à elles-mêmes ; il falloit les tenir ; elles se seroient tuées, disoit on, tant l'esprit de Dieu qui les agitoit avoit besoin d'être réglé par la main des hommes. On en voyoit d'autres se

dirigea alors vers une sorte d'autel et, suivi de quelques personnes, prit avec un grand respect dans une armoire plusieurs paquets (morceaux du tombeau de M. Pâris [34], terre de son tombeau, lambeaux de ses vêtements, bois de son lit, de sa chaise, etc...) puis s'avança vers la possédée en proférant quelques paroles bizarres, dont je ne pus saisir le sens et en appliquant sur elle les précieuses reliques. La jeune fille continuait à vociférer, à faire des soubresauts extraordinaires qui effrayèrent l'assemblée [35]. Peu à peu elle devint plus calme; son regard devint fixe; elle prit la pose d'une statue. Quelqu'un s'écria alors : « *Silence !* Elle va parler ! » Et

coucher sur la tombe et se secouer avec tant de violence qu'il falloit être à leurs côtés pour prévenir les inconvéniens qu'il n'étoit cependant pas possible d'empêcher tout à fait. Enfin, près de cent convulsionnaires, de tout âge et de tout sexe, couroient, crioient, hurloient et faisoient mille extravagances. » *Mémoires pour servir à l'hist. ecclés.*, II, p. 101 et seq.

34. Cf. *Port-Royal*, de SAINTE-BEUVE, III, p. 135, sur ce culte. On conçoit quel était l'attachement des jansénistes pour les reliques de leurs « saints ». Leurs ennemis les en raillaient. Cf. *Les nouvelles et anciennes reliques de M. Jean du Verger de Hauranne, abbé de Saint-Cyran*, par le Père PINTHEREAU, S. J., à Melphe, Maurice Mernillion, 1680, in-4°. Sur cet ouvrage, voir BARBIER, *Dictionnaire des ouvrages anonymes et pseudonymes*, II, p. 471. — Mais il y avait encore autre chose. Les convulsionnaires prétendaient posséder le don de discernement des reliques. Ils décidaient si une pierre venait de Port-Royal ; si tel meuble avait appartenu à l'abbé Pâris. L'objet était authentique quand ils étaient brûlés par lui. — Un reliquaire très curieux est conservé au musée-oratoire de Port-Royal. Il contient des reliques du diacre Pâris et de plusieurs autres « saints » jansénistes de Soanen, entre autres. On sait que lorsque le vieil évêque de Senez eut trépassé à la Chaise-Dieu, on lui enleva, pour en faire des reliques, le cœur, le bout d'une côte, les deux rotules des genoux et le pouce de la main droite. — Après que le cimetière de Saint-Médard eut été fermé, les convulsionnaires transportèrent leurs réunions à Port-Royal, où se trouvaient ensevelis près de trois mille jansénistes. Après la destruction du monastère et la profanation des tombes en 1712, les réunions eurent lieu dans le petit cimetière de Saint-Lambert, près de la fosse commune qui abritait les ossements arrachés des tombeaux. Cf. SAINTE-BEUVE, *loc. cit.*, VI, p. 240 et 241, lettres de M. de Maurepas au sieur Vallier, 26 mai 1733, et à l'intendant de Paris, M. de Harlai, 28 juillet de la même année.

35. On possède de très nombreux documents sur les convulsionnaires. A citer : le *Journal* de M^me^ MOL, nièce de l'abbé Duguet. — PETITPIED, *Trois lettres sur les Convulsions* (1734). — FOUILLOU, auteur de très nombreuses brochures, cf. PICOT, *Mém.*, IV, p. 159. — DELAN, *Réflexions judicieuses* et *Dissertations sur les Convulsions*. — ASFELD, *Système du mélange confondu* (1735). *Système des discernans confondu* (1736). *Vains efforts des mélangistes et des discernans confondus* (1738). — DE BONNAIRE, *L'Esprit en convulsions, Réponses à l'auteur des trois Examens*. — D'HECQUET, *Le Naturalisme des Convulsions. Lettres sur le miracle du Faubourg Saint-Antoine. La Médecine théologique.* — Quelques auteurs comme Mongeron, de Gennes et Poncet ont consigné à ce sujet, dans leurs propres écrits, des détails qu'on croirait fournis par des mains ennemies. « Des femmes, perchées sur la tête des hommes, dogmatisoient contre la bulle. D'autres, accroupies, se faisoient la barbe pour imiter l'abbé Pâris. » *Mémoires pour servir à l'hist. ecclés.*, II, p. 116.

toute la compagnie de se presser vers la table[36]. Mais la prophétesse[37] fut interrompue dans son discours par un grand bruit partant de la chambre dont elle-même était sortie[38]. On entendait fort clairement des cris de rage et de douleur, des aboiements, des bruits de chaînes, des blasphèmes et des sanglots. Alors la porte s'ouvrit pour donner entrée à des hommes et à des femmes qui me parurent autant de démons[39]. Les uns aboyaient; les autres étaient en proie à de terribles convulsions. Des hommes se couchaient à terre, priant qu'on leur marchât sur le ventre; une femme se faisait percer le sein de grosses aiguilles; une autre invoquait le saint diacre en recevant des coups de fouet sur les jambes[40]. Tous priaient avec ardeur le bienheureux Pâris. Je

36. Les discours des convulsionnaires étaient le plus souvent des prophéties. « A la fin pourtant, on fut obligé de renoncer à ce genre de merveilleux, où l'on s'aperçut que le faux éclatoit trop. » « S'il arrivoit quelquefois aux convulsionnaires de dire la vérité, on ne pouvoit en faire honneur qu'à des conjectures, ou à un heureux hasard, ou à des connoissances particulières qu'ils avoient pu se procurer, ou enfin peut-être même au démon. » Cette déclaration si nette ne se lit pas, comme on pourrait le croire, dans le *Supplément jésuitique*, mais dans une *Consultation*, signée par trente avocats jansénistes, le 7 janvier 1735.

37. Jeanne Meingard n'était pas la seule prophétesse de Saint-Malo : « La Dubois, dit le Père Patouillet, joignait à des contorsions des prières, des extases, des prédications sur la caducité et le renouvellement de l'Eglise. » *Supplément jésuitique*, 1735, p. 56.

38. Ce fait est extraordinaire. On recueillait d'ordinaire avec avidité tous les discours des extatiques. On publia en 1734 un *Recueil de Discours de plusieurs convulsionnaires*. PICOT, *Mémoires*, II, p. 119 et 120, en cite de curieux passages contre les évêques et contre le roi.

39. On s'explique après cela que Duguet fut « un témoin dégoûté des convulsions ». Cf. SAINTE-BEUVE, *Port-Royal*, VI, p. 58. — Aussi organisa-t-on contre lui, à Troyes, un véritable charivari, *Ibid.*, p. 78 et seq. Son crime avait été de s'élever contre Vaillant, le prêtre de Troyes qui poussa principalement à tous ces désordres, à tel point que les *Nouvelles Ecclésiastiques* elles-mêmes furent contraintes à le désavouer (cf. numéro de 1739, p. 45). Le *Supplément jésuitique* n'eut garde d'oublier ce personnage (1732, p. 79) dont Sainte-Beuve a écrit : « Cet Augustin qui du moins ne marchandait pas et qui disait : « Nous sommes quatre qui rendons témoignage, le Père, le Fils, le Saint-Esprit et moi », s'était établi au milieu de l'été de 1734 dans la paroisse de Milon (commune de Milon-la-Chapelle, à une lieue de Saint-Lambert), située non loin de Port-Royal-des-Champs. Il souilla de sa frénésie le vallon. » Sainte-Beuve flétrit « ces absurdités, ces ignobles scènes », et il ajoute, en parlant de Duguet : « Il n'est pas douteux qu'on lui eût fait opérer des miracles, s'il n'eût pas condamné les convulsions et s'il eût regardé la *Gazette ecclésiastique* comme un ouvrage badin, inspirée par la charité. » Ce mot est de Voisenon, un abbé voltairien. Cf. *Port-Royal*, VI, p. 82.

40. Cf. *Mémoire théologique sur ce qu'on appelle les secours violents dans les Convulsions*, par BOURSIER, 1743, s. l., in-4°, et 1788, Paris, Crapart, in-12. Bibl. Nat., Ld⁴ 2266. « Au cimetière de Saint-Médard, on avait vu des hommes prendre des jeunes filles dans leurs bras, pour les empêcher, disait-on, de se tuer. Cette attention avait plu aux patientes qui maintenant demandaient davantage. Les hommes devaient, pour les soulager, leur presser la partie du

reconnus parmi ces frénétiques plusieurs personnes de connaissance [41], entre austres mon amy le pauvre... (dont nous ne pouvons

corps affligé et leur tirailler les membres. Peu à peu, ils en vinrent, pour leur complaire et les soulager plus efficacement, à leur donner des coups de bâton, des coups de bûche, de cailloux, de chenets, de pilons de fer pesant quelquefois vingt-cinq à trente livres, opérations qui s'accomplissaient d'ordinaire avec une violence effrayante et souvent sans respect pour la pudeur. Les convulsionnaires se disaient soulagées par ces traitements qui auraient dû cent fois leur ôter la vie. On en vit dont le corps ne put être blessé, ni par la pointe d'une épée, ni par le feu, ni par les neuvaines de pénitence consistant à recevoir chaque jour plusieurs milliers de formidables coups de gros pilon en fer. Paris compta dans ses murs sept à huit cents *sœurs* convulsionnaires et quatre mille *frères secoureurs*, ainsi qu'ils s'appelaient... Ces excès déplurent à une partie des Jansénistes. Tous d'accord pour voir du divin sur la tombe de Pâris, ils se divisèrent au sujet des extravagances qui suivirent la fermeture du cimetière. On distingua parmi eux les *secouristes* et les *antisecouristes*. Les premiers (partisans des secours prodigués aux convulsionnaires) étaient *mélangistes*, s'ils attribuaient le tout à la puissance de Dieu, *discernants* s'ils faisaient une part au démon et à la faiblesse humaine. Les antisecouristes formaient eux-mêmes deux groupes, les uns donnant de tous les faits une explication purement naturelle, les autres croyant à une intervention diabolique ». MARION, *Hist. de l'Eglise*, III, p. 393 et seq. — L. SÉCHÉ, *loc. cit.*, I, p. 67, en note. — JAGER, *loc. cit.*, XVIII, p. 179. — MOURRET, *loc. cit.*, VI, p. 462 et seq. — A. GAZIER, *Le frère de Voltaire*, dans la *Revue des Deux-Mondes*, 15 avril 1906. — J. PAQUIER, *Le Jansénisme*, Paris, 1909, p. 467-523. — GAGNOL, *Le Jansénisme convulsionnaire et l'affaire de la Planchette*, in-8°, Paris, 1911. — « Le Jansénisme, écrivait alors l'avocat Barbier, fait, ma foi, de beaux progrès. J'ai déjà parlé des folies des convulsionnaires et de leurs assemblées où ils s'appellent frères et sœurs. On ne parle dans mon quartier que de ces sottises ; ce qu'il y a de certain, c'est qu'il y a dix ou douze filles enceintes. » *Journal*, décembre 1734 ; février 1733 ; janvier et mai 1760. Sur ces désordres, cf. également PICOT, *Mémoires*, II, p. 118 et seq. — *Avis aux fidèles sur le mélange*, s. l. n. d., in-4°, Bibl. Nat., Ld⁴ 1914. — D'ASFELD, *Vains efforts des mélangistes et discernants dans l'œuvre des convulsions pour défendre le système du mélange*, s. l., 1738, in-4°, Bibl. Nat., Ld⁴ 2177.

41. Notons ce mélange bizarre de gens du peuple et d'hommes appartenant aux classes élevées réunis dans le culte et l'amour du diacre Pâris. Il serait faux de prétendre que les convulsionnaires n'appartenaient qu'à la lie du peuple. Cf. par exemple ce passage des *Mémoires pour servir à l'hist. ecclés.*, II, p. 88 : « Une observation commune à *presque tous* ces miracles mêlés de convulsions, c'est qu'ils arrivoient à des personnes pauvres et de la dernière classe. Des savoyards, des gens à qui leur travail ne suffisoit pas pour vivre, des mendians, trouvoient fort commode de n'avoir, pour se tirer d'indigence, qu'à supposer qu'ils étoient guéris d'une incommodité qu'ils n'avoient jamais eue ou qu'à dissimuler qu'ils en souffroient encore. On les accueilloit, on pourvoyoit à leurs besoins. Les douceurs d'un tel état n'étoient pas trop achetées à leurs yeux par leur complaisance à dire ce qu'on désiroit. » A côté de ces convulsionnaires de bas étage, la secte janséniste présentait des recrues plus reluisantes. Le fils de M. de la Bédoyère, procureur général au Parlement de Bretagne, avait des convulsions. Madame la Présidente de Bédée était fort dévote au diacre Pâris. Il est exact de dire avec CARRÉ, *Correspondance Fontette*, Introduction, p. XX, en note, cité par LE MOY, p. 189, note 1, que « en Bretagne, le jansénisme avait peu de prise sur une société parlementaire presque exclusivement d'origine aristocratique ; il trouvait plutôt ses adeptes

mettre le nom). Et l'on apporta divers instruments de supplice : un poteau, une croix de Saint-André [42], des chaînes et des cordes...

» Malheureusement notre page manuscrite s'arrête ici. »

## IV. — Le Père Patouillet a complété ces renseignements venus de source janséniste [13].

« Une Couturière ou Lingère, nommée Duval, devint Convulsionnaire. Aussitôt les dames de la Cabale s'assemblèrent chez elle et y invitèrent les malades de toute espèce, assurant que les aveugles même y recouvreroient la vuë [44]. On leur faisoit invoquer le Saint

parmi les juges de souche bourgeoise ». Il les trouvait, et c'est là l'essentiel. Nous voilà loin du menu peuple. A Paris, même mélange incohérent : « La bonne ville de Paris, écrit BARBIER en son *Journal* (1733), est janséniste de la tête aux pieds. Non seulement les magistrats, les avocats, les professeurs, toute l'élite de la bourgeoisie, mais encore tout le gros de Paris, hommes, femmes, petits enfants qui tiennent pour cette doctrine, sans savoir la matière, par haine contre Rome et les Jésuites. Les femmes, femmelettes et jusqu'aux femmes de chambre s'y feraient hacher. » Cf. TAINE, *Ancien régime*, p. 400. — Barbier nous dit, en parlant du cimetière de Saint-Médard : « Il y a du monde depuis cinq heures du matin jusqu'à cinq heures du soir et très souvent des personnes de considération. » *Journal*, janvier 1732.

42. Il est regrettable de voir le récit du témoin anonyme s'arrêter ici. Cette interruption subite est sans doute voulue. Il y a des excès que l'on hésite à raconter et cette croix de Saint-André ne me dit rien qui vaille. Il n'est pas exagéré d'affirmer qu'un fac-similé de crucifixion devait terminer cette bacchanale insensée. Les jansénistes allaient plus loin et une note insérée par l'abbé TROCHU dans son bel ouvrage sur *le Curé d'Ars*, Paris, 1928, in-8°, p. 219, nous montre à quels excès ils se livraient. A Fareins, paroisse de l'Ain, le jansénisme fut instauré par les curés Claude et François Bonjour (1775-1788) : « Le 12 octobre 1787, à trois heures de l'après-midi, Etiennette Thomasson fut clouée sur une croix, dans ses habits ordinaires, contre la muraille de la chapelle de la Vierge. Plusieurs personnes assistaient à cette scène monstrueuse... D'après François Bonjour et les témoins qui ont signé au procès-verbal de l'enquête faite par Messire Joly Clerc, vic. gén. de Lyon, car l'autorité ecclésiastique exerça des poursuites, la jeune fille fut déclouée ensuite et guérit de ses blessures. Le pouvoir civil intervint d'ailleurs. Les principaux coupables furent exilés. La statistique paroissiale faite en 1822 signale que, sur 1.186 habitants, Fareins contenait à cette époque *600 jansénistes*. Les dissidents portent ce nom dans la paroisse et sont appelés *farinistes* dans le reste du diocèse. » Cf. P. DUDON, *Revue Gorini*, 1908-1914, onze articles.

43. *Supplément jésuitique*, 1734, p. 89.

44. Pâris n'était pas le seul bienheureux janséniste qui opérât des prodiges. Soanen en accomplissait également, en particulier par l'imposition de gravures signées de lui et d'objets touchés par lui. « La fille majeure d'un bourgeois de Paris fut guérie subitement d'une double descente, attachement de sang, mal de poitrine, par l'application d'une sentence signée de sa main. M. le Marquis de Mons se vit d'un seul coup débarrassé d'un violent mal de tête qui lui avoit fait sortir l'œil droit hors de sa place, au contact d'une portion de la courte-pointe qui avoit servi à M. de Senez. Quant à la demoiselle Tanaisier, elle mit sur un panaris qu'elle avoit au doigt des cheveux de Jean Soanen et la douleur disparut, avec la vitesse et la légèreté d'un vent

Diacre et on leur appliquoit ses reliques. On recueilloit religieusement par écrit toutes les paroles de la convulsionnaire, qui ne contenoient autre chose que le langage ordinaire du Parti : *L'Eglise est vieille et sera bientôt renouvellée... Saint Diacre, ayez pitié de l'Eglise...* »

V. — Comme au cimetière de Saint-Médard, il se produisait à Saint-Malo des guérisons merveilleuses, que les jansénistes célébraient avec ardeur [45].

« Une femme cy-devant dirigée par un Prieur des Bénédictins de cette ville et depuis quatre ans par un Ecclésiastique nommé M. St Verguet, étoit sujette depuis longtemps à plusieurs infirmités qui s'étoient enfin terminées depuis deux mois à une paralisie sur une cuisse. La connoissance qu'elle avoit de la sainteté des miracles de M. Paris, la porta, sur la fin du mois de Novembre dernier, à recourir à son intercession par une neuvaine qu'elle commença le 26. Dès le soir de ce même jour, elle eut des Convulsions et, le lendemain, elle se trouva guérie [46]. Les Convulsions, qui

qui enlève la poussière de dessus la terre. » Cf. *Nouv. Ecclés.*, 1751, p. 188. — « On trouve dans les deux derniers chapitres de la Vie de Soanen un abrégé des miracles qu'il a plu à Dieu d'opérer par l'intercession du saint Prélat, durant sa vie et après sa mort. Mais on est gêné dans ces Relations par les circonstances du tems ; et, comme le dit l'Historien, depuis que les faveurs du Ciel sont devenues un crime que l'on punit dans ceux qui les reçoivent, la prudence même chrétienne ne permet pas de révéler sans précautions les œuvres du Tout-Puissant. » Cf. *Vie et lettres du saint Evêque de Senez*, 8 vol. in-12 et 2 vol. in-4°. — On publia à cette époque des gravures représentant Soanen chargé de chaînes. On répandit également des prières composées en son honneur.

45. *Nouvelles Ecclésiastiques*, du 15 janvier 1734, p. 11, de Saint-Malo.

46. Les *Nouvelles* ont grand plaisir à colporter ces récits de miracles. Cf. *Guérison de Marguerite Deslandes à N.-D. des Ardilliers à Saumur, Ibid.*, 9 juillet 1731, p. 134. — Six ans plus tôt, le 10 août 1725, le cardinal de Noailles avait publié un *Mandement* sur un miracle arrivé à la procession de la paroisse Sainte-Marguerite, à Paris, le 31 mai précédent, « événement qui fit dans le temps un grand éclat ». Cf. *Mémoires pour servir à l'hist. ecclés.*, II, p. 5 et seq. « Quelques appelans prétendoient que ce miracle étoit décisif en leur faveur, parce que le clergé de Sainte-Marguerite étoit appelant. » *Ibid.*, p. 7. Ils s'en vantèrent dans plusieurs écrits : « Quant aux miracles du cimetière de Saint-Médard, ils ne sont pas de nature à soutenir l'examen.... Leur nombre même les rend suspects. Plus de deux cents opérés en peu d'années : les âges apostoliques n'en avaient pas tant vu... » *Ibid.*, II, p. 84 et 89. — On pourrait citer en foule les écrits passionnés qui parurent sur cette question des miracles opérés par Pâris en faveur des appelants. En voici du moins quelques-uns : *Pensées sur les prodiges de nos jours en France*, 1734, in-4°, Pièce, Bibl. Nat. Ld⁴ 1961. — *La vérité des miracles opérés à l'intercession de M. de Pâris et autres appelants, Dédié au Roi et présenté à Sa Majesté le 29 Juillet 1737 par M. Carré de Mongeron, Conseiller au Parlement*, s. l., 1737, in-12. — Autres éditions, 1741, 2 vol. in-12. Utrecht, in-4°, 1737. Cologne,

avoient cessé, lui reprirent le Lundi 30, Fête de S. André, dans l'église de S. Benoît, à Vespres; et elle en eut de si fortes et de si fréquentes le Vendredi et le Samedi suivans, que la chose devint publique et fut sçue à l'Évêché. Autrefois un miracle fait par un appellant n'auroit ni surpris, ni affligé M. Desmarets, Evêque de S. Malo. Mais depuis qu'il a reçu la Constitution et qu'il a changé le Catéchisme de son Diocèse, il ne voit plus les choses du même oeil.

VI. — « Le Confesseur fut mandé et interrogé en présence du Prélat par M.M. Chotard et de l'Isle (dont ceux qui écrivent ne disent point les qualités). Comme le premier[47] savoit tout le détail de ce qui s'étoit passé, il chercha à embarrasser le Confesseur par ses questions, et s'étudia, sans succès, à mettre malignement sa sincérité à l'épreuve. M. St Verguet ayant répondu à tout selon ses lumières et ses conoissances, l'on exigea de lui qu'il improuvât les Convulsions de sa Pénitente; et, sur le refus qu'il en fit, on lui dit que *Mgr en savoit assez pour prendre ses mesures*. M. de l'Isle[48] ajouta qu'il *approuvoit donc* les Convulsions ? A quoi il répondit qu'il ne falloit rien ajouter *à son dire*[49].

3 vol. in-4°, 1745-1747. Bibl. Nat., Ld⁴ 2140, 2141. — *La cause de Dieu reconnue par les miracles chez les appelans*, s. l., 1737, in-4°. Bibl. Nat., Ld⁴ 2143. — *Démonstration de la vérité et de l'autorité des miracles des appelants, selon les principes de M. Pascal*, 1737, s. l., in-4°. Bibl. Nat., Ld⁴ 2144. — Contre ces prodiges, des protestations s'élèvent, dans des genres divers. *Mandement de Mgr de Vintimille contre les miracles de Paris*, 13 août 1737. Le jésuite Bougeant composera une comédie intitulée : *Le saint déniché ou la banqueroute des marchands de miracles*, La Haye, 1732, in-12. Bibl. Nat., Ld⁴ 1783. — Il faut chercher ce goût du merveilleux, chez les Jansénistes, dans le miracle de la Sainte-Epine. « Cette idée que Port-Royal et tout ce qui y avait rapport méritait d'être le théâtre et l'objet manifeste de faveurs surnaturelles, s'entretint continuellement depuis le miracle de la Sainte-Epine, et redoublant à chaque persécution, contribua fort à exciter enfin le scandale des convulsions. Du sein de la gloire des Provinciales, c'est une perspective fâcheuse qui nous est ouverte : le mal caduc est au bout... Marguerite Périer ne mourut qu'en 1733, à l'âge de 87 ans, louant Dieu d'avoir commencé par elle des prodiges qu'elle acceptait en aveugle, sans en voir l'excès déshonorant. Elle a vécu jusque là, remarquent les chroniqueurs jansénistes, par un effet de la Providence qui l'a conservée jusqu'à cette année, pour être elle-même témoin d'un grand nombre de nouveaux miracles que Dieu a opérés par l'intercession d'un saint Diacre. » *Port-Royal*, VI, p. 198.

47. Jean Chottart, vic. gén. de Mgr des Marets, nommé le 2 octobre 1726, mort le 31 mars 1738. GUILLOTIN DE CORSON, *Pouillé de Rennes*, I, p. 629.

48. Chanoine titulaire de Saint-Malo.

49. Récit du Père Patouillet, *Supplément jésuitique*, 1734, p. 89 : « Mandé à ce sujet par le Prélat, il fit le rapport de la maladie de la Duval qui consistoit, selon lui, dans les restes d'une couche et d'un rhumatisme. Il dit que, sans le consulter, elle avoit fait une neuvaine au sieur de Pâris et avoit été guérie ; qu'ensuite, elle avoit eu et avoit encore des convulsions ; qu'en tout cela, il y avoit quelque chose d'extraordinaire. On tâcha de lui faire sentir

« On a retourné plusieurs fois à la charge pour tirer de lui une improbation formelle des Convulsions, qu'il a toujours refusé, disant qu'il ne lui appartenoit ni de les approuver, ni de les desapprouver[50]. L'affaire, par ce refus persévérant, devenant sérieuse, on prend le parti de la mettre en négociation. Deux Gr. Vicaires, M.M. Perré[51] et le Large[52], voudroient bien, par un accommodement à l'amiable, conserver au Confesseur les Pouvoirs qu'il est menacé de perdre. On fait, de part et d'autre, divers projets de déclaration. Le Confesseur ne peut se résoudre à signer ce qui lui vient de l'Evêché et les Gr. Vic. ne veulent pas porter à l'Evêché ce que le Confesseur leur présente. On exige que celui-ci s'oblige par écrit à se détourner du culte de M. Pàris et qu'il improuve les Convulsions et les miracles. « Lui consent seulement à déclarer qu'il n'a ni conseillé, ni autorisé l'invocation de M^r^ Pàris, et que, pour l'avenir, il promet de détourner du culte public, mais en permettant le culte particulier ». Enfin M. S. Verguet est de nouveau mandé à l'Evêché et son interdit lui est signifié par M. Chotard, en présence de M. l'Ev.

« Quant à la Convulsionnaire, ses Convulsions ont diminué insensiblement et elle n'avoit plus que quelques mouvemens fort légers, lorsqu'elle a jugé à propos de se soustraire par la retraite[53] aux voies de fait dont elle étoit menacé[54]. »

le tort qu'il avoit d'autoriser par sa présence de pareilles assemblées. On ne le persuada pas. Mais il promit, ce qu'on exigeoit de lui, qu'il détourneroit ses Pénitens et Pénitentes du culte qu'on rendoit au sieur de Pàris. Il reparut depuis à l'Evêché et prétendit revenir contre sa promesse, justifiant les assemblées et le culte dont il est question. Il promit de nouveau, et même par écrit, de ne l'autoriser plus. Mais comme il le fit en termes frauduleux, M. de Saint-Malo lui ôta ses pouvoirs et nomma un autre Curé à la place. »

50. M. de Saint-Verguet n'était pas sincère. Au mois de juin 1736, il quittait Saint-Malo pour une destination inconnue. Le but de son voyage mystérieux était le château de Fourneaux. « M. Veron, soudiacre de la paroisse de Notre-Dame de Vitré, eut une longue et vive dispute avec le pélerin janséniste quand il passa par Rennes. La discussion dura trois heures. Elle eut lieu le 18 juin, chez M. Cucy, marchand épicier. M^lle^ Pioche, théologienne du parti, y assistoit, ayant fait le voyage depuis Saint-Malo avec M. de Saint-Verguet. » *Supplément jésuitique*, 1736, p. 120.

51. Pierre-Vital Perrée, docteur en théologie, vic. gén. de Mgr des Marets, nommé le 20 novembre 1720. GUILLOTIN DE CORSON, *loc. cit.*, I, p. 629.

52. Alain Le Large, docteur en théologie, vic. gén. de Mgr des Marets, nommé le 6 février 1733. GUILLOTIN DE CORSON, *Ibid.*

53. « La Convulsionnaire disparut, craignant d'être arrêtée par ordre de la Cour. On ignore où elle s'est retirée. » *Suppl. aux Nouv. Ecclés.*, 1734, p. 89.

54. Les Convulsions ne disparurent pas à Paris après la fermeture du cimetière de Saint-Médard. « Ces scènes abominables continuèrent en cachette chez les initiés et se prolongèrent jusqu'à la Révolution. » L. SÉCHÉ, *loc. cit.*, I, p. 68. — Deux auteurs affirment que les traces de ces phénomènes étranges peuvent se retrouver dans notre histoire contemporaine. Le 19 février 1836, Fieschi fut exécuté en même temps que ses deux complices. « Pépin et Morey

VII. — Il n'est pas impossible de suivre les traces de la fugitive. « Le sieur du Moutier[55], écrit le Père Patouillet[56], a reçu chez lui depuis plusieurs mois la veuve du Val, accompagnée d'une fille nommée Hélène du Bois, son intime amie et sa confidente. » Après l'interdit de M. de Saint-Verguet, une assemblée eut lieu chez *la Papesse*, Madame des Bassablons. « On envoya au château de Fourneau la Duval et l'autre[57], aux frais de la caisse commune. Madame de la Boucssière[58] se fit un plaisir et un honneur de prêter sa chaise pour voiturer plus commodément ces deux saintes personnes. » On s'arrêta quelques jours à

devinrent bientôt l'objet d'une espèce de culte de la part de quelques fanatiques. L'ancien préfet de police, Gisquet, raconte dans ses *Mémoires* que des révolutionnaires allaient déposer des fleurs ou des couronnes sur leurs tombes et y graver des inscriptions. Quelques femmes exaltées y eurent des attaques de nerfs comme autrefois les convulsionnaires sur le tombeau du diacre Paris. L'une d'elles s'était fait remettre des vêtements encore imprégnés du sang de Pépin et de Morey, des mèches de leurs cheveux, les cordes qui leur avaient lié les mains. Elle conservait religieusement ces objets comme des reliques. Mais les familles (des condamnés) les réclamèrent et Gisquet en fit opérer la restitution. » G. LENÔTRE, *L'attentat de Fieschi*, Paris, 1906, p. 16. — Bien plus, le diacre Pâris aurait encore de nos jours des dévots obstinés. « Selon une tradition assez vraisemblable, la place de la tombe du diacre Pâris serait aujourd'hui recouverte par l'autel de la chapelle de la Vierge, édifiée en 1784, et c'est là que viennent encore s'agenouiller parfois de singuliers fanatiques, derniers disciples de Carré de Montgeron. » A. HALLAYS. *Le pèlerinage à Port-Royal*, chapitre intitulé *Saint Médard*, p. 216.

55. François-Pierre Grout, seigneur de Fourneaux. Sur ce personnage, cf. GUILLOTIN DE CORSON, *Les Grandes Seigneuries de Haute-Bretagne*, 1re série, in-8º, Rennes, 1897, p. 214 et seq. François Grout appartenait à une famille très pieuse et sa mère fonda un hôpital qui existe encore et conserve son portrait. Quoique marié à Jeanne-Séraphique Baude, le seigneur de Fourneaux mourut sans postérité, en 1752. Il avait favorisé de toutes ses forces le jansénisme dans la région de La Guerche et je parlerai longuement de lui en traitant l'histoire de ce mouvement théologique dans le diocèse de Rennes. Le manoir existe toujours. C'est une élégante construction des XVe et XVIe siècles, accostée d'une jolie chapelle. Cf. GUILLOTIN DE CORSON, *loc. cit.*, p. 215 et seq., et *Pouillé de Rennes*, IV, p. 51 et 53. Fourneaux est situé sur le territoire d'Availles, commune du canton de La Guerche. — Le *Supplément jésuitique* de 1734, p. 98, brosse en quelques traits la physionomie de M. de Moutier, « qui vient à Saint-Malo de temps en temps. C'est une tête échauffée. Il n'a aucune mesure en ses discours, en parlant des Puissances. Il attaque un bon Prêtre, même devant l'Evêque. Il croit aux visions des Convulsionnaires. »

56. *Supplément jésuitique*, 20 février 1735, p. 56, *de Vitré*.

57. Hélène du Bois.

58. Janséniste très zélée, citée de temps à autre par le *Supplément jésuitique*, en particulier le 16 juillet 1734, p. 99. Elle croit aux miracles du diacre Pâris et fréquente les convulsionnaires. Elle fait du prosélytisme. Elle reviendra à l'orthodoxie. *Ibid.*, 1741, p. 190.

Rennes « pour satisfaire la pieuse curiosité des frères et des sœurs de l'Ordre qui vouloient voir et entretenir la Convulsionnaire-Prophétesse [59] ». La Dubois avait quitté Saint-Malo à l'insu de son père et de sa mère « qui ne cessoient de la réclamer hautement, comme leur étant nécessaire à cause de leur vieillesse et de leur peu de fortune [60] ».

VIII. — Les convulsionnaires allaient trouver, au sein d'une noble famille, un appui et un secours inespéré. Il leur était ménagé par le comte et la comtesse de la Bédoyère.

Ces jansénistes, fervents entre tous, occupaient une situation sociale d'un rang très élevé. Leur noblesse ne pouvait être l'objet d'aucune contestation [61]. De père en fils, depuis près d'un demi-siècle, ils occupaient au Parlement de Bretagne des charges très importantes [62]. Le comte Charles de la Bédoyère, devenu conseiller en 1706, exerçait depuis 1710 les fonctions de procureur général. Il avait épousé, en 1704, le 17 juin, à Saint-Malo, Guyonne-Marie Danycan,

59. D'après une lettre de Saint-Malo, du 1er août 1736, insérée à la page 126 du *Supplément jésuitique*, « le Père de Gennes, ex-oratorien, arrivé depuis quelques jours au Fourneau, fit paroître une pieté singulière en se prosternant aux pieds de l'aboyeuse ».

60. Le *Supplément jésuitique* de 1742 accorde, à la page 76, une mention spéciale à cette convulsionnaire : « Le jour de Noël, à la sortie de la Grand'-Messe célébrée en l'église paroissiale d'Availles, Hélène du Bois, masquée sous le nom de Basse-Maison, conduisit Mlle Blandine Grout, fille de M. de Prince sur la tombe de Jeanne Houet, dite autrement du Tertre ou la veuve Duval, et l'y fit mettre à genoux auprès d'elle pour invoquer cette prétendue sainte. Le peuple n'en fut pas moins scandalisé que d'y avoir vu plusieurs fois Mme de Princé, mère de ladite Demoiselle et Mme de Moutiers, sa tante. »

61. F. SAULNIER, *Le Parlement de Bretagne*, Rennes, s. d., in-4°, II, p. 513 et seq. — Cette famille avait comparu aux réformations de 1427 et de 1513. La terre de la Bédoyère était entrée en sa possession par le mariage, en 1429, de Jeanne de la Bédoyère avec Bertrand Huchet, secrétaire du duc Jean V, garde des sceaux et ambassadeur en Angleterre.

62. « La branche aînée fut très en vue, aux XVIIe et XVIIIe siècles, par les hautes charges qu'elle exerça. » SAULNIER, *loc. cit.* — François Huchet, conseiller en 1598, meurt en 1620. Son fils Gilles devient conseiller et garde-scel en 1626, procureur général en 1631 ; meurt en 1662. Il a pour fils André, qui est pourvu de la charge de conseiller en 1648 et de procureur général en 1650 ; meurt en 1688. Charles-Marie devient procureur général en 1676 et meurt en 1716. Son fils Charles meurt en 1750. — Cf. également, sur cette famille, KERVILER, *Bio-bibliographie bretonne*, Rennes, 1887, II, p. 329. — GUILLOTIN DE CORSON, *Grandes Seigneuries de Haute-Bretagne*, 1re partie, p. 37.

fille de noble homme Noël, sieur de l'Espine et de Marguerite Chantoiseau.

C'était un adversaire déterminé de la constitution *Unigenitus* et il devait connaître la disgrâce et l'exil pour avoir essayé d'arrêter l'enregistrement du document pontifical, contre tous les désirs et les ordres de Louis XIV [63]. Aidé puissamment par sa femme et le second de ses fils [64], il allait transformer en « Port-Royal des Champs », à l'usage des convulsionnaires, son château de Talensac [65]. Il serait parfaitement inutile de chercher aucune trace de ces épisodes dans les volumes pourtant compacts des *Nouvelles ecclésiastiques*. Heureusement, le Père Patouillet n'a rien laissé ignorer à ses lecteurs des scènes dont la maison des Huchet fut alors le témoin [66].

« Madame de la Bédoyère arriva à sa Terre, il y a environ neuf mois [67], accompagnée de son fils le cadet, qu'on nomme le Comte, âgé de 24 ans [68]. L'un et l'autre ont un grand zèle pour étendre le

63. SAULNIER, *loc. cit.*, II, p. 516. — Cf. également, sur ce parlementaire, l'ouvrage de POCQUET DU HAUT-JUSSÉ, *L'Histoire de Bretagne*, VI, p. 481 et 489.

64. Le fils aîné du procureur général, Marguerite-Hugues-Charles-Marie de la Bédoyère, né en 1709, devint avocat au Parlement de Paris. Il épousa, en 1744, malgré ses parents, la belle Agathe Sticotti, fille d'un officier de noble extraction devenu acteur au Théâtre italien. Les parents réussirent à faire casser le mariage pour cause de clandestinité. A son lit de mort, le comte de la Bédoyère revit cependant son fils et sa belle-fille qui s'aimaient toujours. Cf. sur cet épisode : *Histoire de M. et Mme de la Bédoyère, ou les époux malheureux, écrite par un ami* — Baculard d'Arnaud — Avignon. 4 in-12, 1792. — LEVOT, *Biographie bretonne*, II, p. 44. — SAULNIER, *loc. cit.*, II, p. 517, en note.

Faut il enfin rappeler la fin tragique de Charles Huchet, comte de la Bédoyère, né en 1786, officier distingué sous l'Empire ? Il était colonel du 7e de ligne, en garnison à Grenoble, lorsque Napoléon revint de l'île d'Elbe en 1815. La Bédoyère, le premier, se rangea sous ses drapeaux et devint aide de camp, général de division et pair de France. Après le retour des Bourbons, il fut arrêté, jugé sommairement et fusillé, le 19 août 1815. La famille de la Bédoyère existe encore en Savoie.

65. Le château de la Bédoyère est situé dans la commune de Talensac qui, au spirituel, faisait, avant la Révolution, partie du diocèse de Saint-Malo. Elle a été rattachée à l'arrondissement de Montfort-sur-Meu et à l'archidiocèse de Rennes. La chapelle de la Bédoyère existe toujours. Elle renferme une pierre tombale avec cette simple inscription : *Les cendres de Mrs de la Bédoyère*, ce qui est bien janséniste. Cf. GUILLOTIN DE CORSON, *Pouillé...*, VI, p. 353.

66. *Supplément jésuitique*, 8 may 1734, p. 85 et seq., *de Rennes*.

67. Au début de septembre 1733.

68. Noël-Florimond, « qui a continué la postérité », dit SAULNIER, *loc. cit.*, p. 517.

Quenellisme et le culte du sieur de Pâris. La mère se mit d'abord à distribuer aux malades des cantons voisins de la terre du tombeau de ce Diacre et elle n'a point cessé de le faire. Il venoit au château des malades de toute espèce. Le Comte leur faisoit boire de l'eau où il avoit fait tremper ladite terre. S'ils avoient des playes, il avoit quelquefois le courage de les sucer et il buvoit ensuite l'eau dont il les avoit lavées. Mais pour donner encore plus de force à la sainte poussière, on la faisoit bénir par le Recteur de la Paroisse. Malgré toutes ces précautions, elle n'a opéré aucun miracle et on a eu assez de bonne foi pour n'en publier aucun [69]. Le Comte avoit dès Paris le don des Convulsions. Il ne l'avoit pas perdu à la Bédoyère et le manifestoit tous les jours à l'heure que je vais dire.

» On récitoit chaque jour une espèce d'Office Canonial, composé de certains psaumes choisis [70], auquel assistoient régulièrement la Dame, son Fils, le Recteur de la Paroisse, le Chapellain du château et quelques domestiques. On disoit None à deux heures et alors le Comte s'étendoit sur une espèce de sofa où il répétoit quelques versets des Pseaumes qu'il entendoit réciter. Le premier pseaume de None est le XLV$^{e}$ : *Miserere mei, Deus, quoniam conculcavit me homo...* Le Convulsionnaire entroit d'abord en agitation et alors la mère lui mettoit un bonnet sur la tête [71]; après quoi, il se laissoit couler à terre et les convulsions commençoient. Elles duroient environ une heure et on assure qu'elles n'avoient rien de bien singulier. Assez souvent, il exprimoit des mains l'action d'un Boulanger qui pétrit la pâte, pour faire entendre aux hommes, disoit-il, qu'ils doivent travailler sans cesse à amollir la dureté de leur cœur. D'autres fois, il exprimoit par son attitude la figure d'un homme crucifié et il lui sembloit alors avoir les stigmates aux mains et aux pieds; de sorte qu'il ressentoit de la douleur à ces extrémitez du corps, surtout lorsque quelqu'un y touchoit. Il alloit fort vite, couché sur le dos, d'un bout de la salle à l'autre [72].

« Les convulsions étoient accompagnées de prophéties que le Comte proféroit fort bas; mais la mère, à genoux, approchoit l'oreille de sa bouche pour ne rien perdre de ces précieux oracles [73].

69. Attitude d'autant plus méritoire qu'elle était plus rare chez les jansénistes.

70. A cause des sens cachés, des *figures*, comme on le dira plus loin, que les disciples de Jansénius y croyaient renfermés.

71. Il se pourrait fort bien que ce bonnet fût une *relique* du diacre Pâris.

72. Voici un symptôme indiscutable de névrose. Le surnaturel n'a rien à voir ici.

73. Le *Supplément jésuitique*, 1735, p. 12, nous montre « Madame la Procureuse Générale admirant son fils dans un profond silence, se traînant sur les genoux pour le suivre dans tous les endroits de la salle et recueillir avec respect ses oracles ».

Elle les dictoit sur le champ au Chapellain et les communiquoit ensuite à l'assemblée. Un Gentilhomme du voisinage a prétendu que le Comte, dans un de ses accès prophétiques, s'étoit tout à fait trompé sur son sujet.

» Un jeune Païsan[74] de 17 à 18 ans qui a les écrouëlles et qui a été inutilement pansé pendant plusieurs mois par M. le Comte a eu du moins l'avantage de devenir comme lui convulsionnaire. Il figuroit effectivement avec lui à la fin de chaque scène. Tous deux se réunissoient pour lever ensemble les yeux vers une image du B. Diacre exposée dans la salle. Ils marquoient, par leur posture, leur profonde vénération pour le prétendu saint et tâchoient d'exciter la dévotion des assistans à son égard. Cela ne réussissoit point à l'égard du commun des spectateurs. Les païsans eux-mêmes traitoient tout cela de folie.

» Au mois de janvier dernier, Madame de la Bédoyère et son fils ont donné pour possédé un païsan qui tombe du mal caduc. Ils ont fait une neuvaine au Saint Diacre pour obtenir sa guérison. On devoit ensuite le faire exorciser. Si Mr le Recteur l'a effectivement exorcisé, il ne l'a certainement pas fait avec la permission de M. de Saint-Malo, son Evêque, qui vient d'interdire un Curé et un Bénédictin[75] pour avoir autorisé les neuvaines faites au sieur de Pâris. Quoiqu'il en soit, le Païsan ne fut jamais possédé et il est toujours duëment épileptique[76]. »

IX. — Le mouvement convulsionniste était dirigé, au château de la Bédoyère, par le chapelain en personne, M. de la Villeaufeuvre. Ce pseudonyme cachait un Docteur et ancien Syndic de la Faculté de Nantes[77], Jean La Calabre[78]. Cet ecclésiastique était l'un des signataires de la *Lettre* fameuse adressée par le bénédictin Dom Louvard *à l'Archevêque, au Clergé et au Peuple d'Utrecht*[79]. Il était venu à la Bédoyère, sollicité spécialement par Dom Fran-

74. On donne son nom plus loin. Il s'appelait Miniot.

75. M. de Saint-Verguet, sans doute, et le Bénédictin qui lui succéda, à Saint-Malo, dans la direction des jansénistes.

76. *Supplément jésuitique*, le 8 may 1734, p. 85, *de Rennes*.

77. « Docteur, Licencié ou simple bachelier », dit le Père PATOUILLET, *loc. cit.*, p. 129, 1734.

78. Ou Calabre. On sait combien, à cette époque, l'orthographe des noms propres est fantaisiste. Le chapelain de la Bédoyère appartenait par son ordination au diocèse de Nantes. Cf. *Supplément jésuitique*, 1735, p. 11, Lettre de Montfort-la-Canne du 30 décembre 1734. — La Calabre aurait fait partie de l'Oratoire. *Ibid.*, 1734, p. 129.

79. Ce document était daté de Nantes, 31 juillet 1727. Cf. *Mémoires sur les projets des Jansénistes, publiés sur les ordres du Roy en 1729.* Dom Louvard fut arrêté à Saint-Gildas-des-Bois. Ses papiers furent confisqués. On le condui-

çois Huchet de la Bédoyère, bénédictin de Saint-Maur, signataire de la *Lettre* de Dom Louvard et mort depuis appelant et réappelant.

La Calabre partageait avec la châtelaine la direction de la Petite Eglise de Talensac. Ses courses à Rennes et dans les campagnes allaient en se multipliant. Il lui fallait visiter les Frères et les Sœurs isolés, former de jeunes adeptes, faire des conférences, répandre des aumônes, des livres, des reliques et des portraits du diacre Pâris. La Calabre composait aussi un grand ouvrage intitulé *Journal historique des Convulsions et Prophéties de M. le Comte de la Bédoyère* [80].

Le chapelain travaillait également pour son propre compte à percer les voiles de l'avenir. « Il avoit découvert dans le chapitre XI de l'*Epître aux Romains* tout ce qui

sit à la Bastille. Ce fut à ce moment que l'évêque de Nantes, effrayé, confia la maison de Saint-Clément aux Sulpiciens. Avaient également signé la lettre de Dom Louvard : les abbés d'Espinose, du Plessix-Bardoul et Cassard ; les Pères Claude Morin et Gilles de Liepure, Bénédictins. Cf. *Supplément jésuitique*, 8 mars 1735, p. 68.

80. Le Père PATOUILLET, *loc. cit.*, p. 12, se prétend informé du contenu de l'ouvrage et en fait bénéficier par avance ses lecteurs. « *Première partie :* Ce qui a rapport à l'Œuvre des Convulsions. Nombre, durée, variété, gestes, regards, contorsions, soupirs, larmes, exhortations pathétiques, oraisons tendres et dévotes, enthousiasme, mouvements extatiques, ravissemens, langueurs, défaillances mystérieuses, représentations figuristes et symboliques, absences, aliénation d'esprit. Tout cela marqué au coin de la Divinité sera rapporté dans le plus grand détail et avec l'exactitude la plus scrupuleuse. » Le paysan Miniot aura son chapitre et Mme de la Bédoyère également. « Dans la deuxième partie de l'ouvrage, on trouvera une exposition ample et une explication claire des prophéties faites par M. le Comte, surtout de celles qui ont pour objet l'anéantissement du Formulaire et de la Bulle, la canonisation de M. l'Evêque de Senez et des cinquante avocats défenseurs de sa cause, la réprobation des Pères du Concile d'Embrun, la persécution des derniers disciples de la Vérité, la décadence entière du Molinisme, l'époque certaine de l'avénement d'Elie et du jugement dernier, l'aveuglement consommé de tous les constitutionnaires et leur fin malheureuse, le triomphe complet de l'Eglise d'Utrecht élevée sur les crimes de l'Eglise Romaine. » — *Ibid.*, 1734, p. 94 : « Je n'ai pu encore trouver personne qui ait lu le Recueil curieux des Prophéties de M. le Comte de la Bédoyère dans les accès de ses convulsions. Il est à croire qu'on ne les communique qu'à un petit nombre de confidens. On dit qu'il en a été envoyé une copie à Utrecht, pour y être insérée dans les archives de la Petite Eglise. Plusieurs personnes dignes de foi, instruites par des témoins auriculaires... m'ont assuré que ce ne sont que des répétitions de celles que la mère et le fils ont entendu faire aux Convulsionnaires de Paris. »

devoit arriver de nos jours à l'occasion de la Bulle *Unigenitus*[81]. »

Les autres ecclésiastiques qu'abritait le château de la Bédoyère faisaient également part aux âmes droites et simples des clartés dont ils étaient remplis. Le sieur Champalaune[82] se vantait d'avoir trouvé dans le XX<sup>e</sup> chapitre d'Isaïe de quoi justifier et canoniser les indécences les plus monstrueuses pratiquées journellement dans l'Œuvre des Convulsions. « Pourquoi ne croirions-nous pas, disait-il, que Dieu inspire les hommes et les femmes Convulsionnaires dans les discours et les actions qui semblent les plus contraires à la pudeur? Ce fut par ordre du Seigneur que le prophète Isaïe se dépouilla de ses habits et marcha nud pendant trois jours au milieu de Jérusalem, donnant en cela une figure naïve de la nudité et de l'entière désolation où Sennachérib devoit réduire les Egyptiens et les Ethiopiens dans le cours de trois années. Pourquoi donc les immodesties apparentes et les obscénités des Convulsionnaires ne seroient-elles pas des représentations symboliques et mystérieuses, propres à exprimer des événemens importants dont l'intelligence n'est pas donnée à tout le monde?[83] »

Un autre convulsioniste, Cellier, jugeait plus sage de se référer à saint Augustin pour distinguer ce qu'il pouvait y avoir de divin dans l'Œuvre des Convulsions[84].

Manné — au nom prédestiné — avait scruté, non sans succès, le troisième chapitre de Daniel[85]. Nabuchodonosor

81. *Nouvelles Ecclés.*, 1733, p. 98.

82. Ecclésiastique originaire de Miniac-sous-Bécherel, paroisse qui se rattachait alors au diocèse de Saint-Malo et qui fait maintenant partie de l'archidiocèse de Rennes. L'abbé Champalaune occupe dans la faction janséniste une place assez marquée et nous aurons plusieurs fois à nous occuper de lui.

83. *Supplément jésuitique*, 24 déc. 1736, *de Rennes*, année 1737, p. 3 et seq.

84. Le *Supplément jésuitique* de 1735, p. 182, donne quelques détails supplémentaires sur Cellier. Ce laïque dogmatisant est alors précepteur à Châteaubourg, chez M. de la Galmandière-Gault. La Calabre — qui s'appelle alors M. des Salles — vient passer quatre mois près de lui.

85. Avant d'entrer dans la famille Gerbier, cet illuminé avait accompli le voyage d'Utrecht. *Ibid.*, 1737, p. 4.

lui semblait figurer avec exactitude le pape Clément XI et les puissances séculières qui acceptaient la bulle *Unigenitus*. Le décret qu'on voulait faire signer était symbolisé par l'idole à laquelle tous devaient rendre un culte sacrilège. Le grand nombre de gens timorés qui se pressaient autour de la statue représentait la foule des Constitutionnaires et les trois Hébreux la troupe courageuse, mais réduite, des Appelants. Les persécutions déchaînées contre eux étaient annoncées par la fournaise ardente. L'Ange descendu au milieu des flammes, le vent rafraîchissant, n'étaient-ce pas les miracles accomplis par le diacre Pâris? Quant à la victoire des Hébreux, point n'est besoin de longues paroles pour exprimer ce qu'elle signifiait.

L'avocat Gerbier[86] avait trois fils[87], Jean, Pierre, Louis. Manné, qui était leur précepteur, les appelait plus simplement Sidrach, Misac et Abdenago. Il leur mit entre les mains un écrit latin, où se trouvaient condensés les résultats de ses méditations sur l'Ecriture. On y lisait en particulier : *Vere ne Sidrach, Misac, Abdenago, statuam auream quam constitui, id est abominandam Constitutionem, non adoratis?*[88].

Le chapelain de la Bédoyère, on le voit, était à la tête d'un autre Saint-Médard.

X. — Quelque chose nous est parvenu de la direction spirituelle qu'il assurait à ses fidèles. Les livres dont M. La Calabre conseillait la lecture étaient surtout : *Les Réflexions morales*[89], l'*Idée de la conversion du pécheur*[90],

86. Gerbier fut en son temps un avocat célèbre; de plus son dévouement à la cause janséniste ne connut pas de bornes. Je me réserve de parler longuement de lui en traitant du *Jansénisme dans le diocèse de Rennes*. Signalons toutefois qu'en sa personne, le Jansénisme a été statufié en Bretagne.

87. Il possédait aussi deux filles ; l'aînée s'appelait Thérèse et la plus jeune, Manon. Toutes les deux étaient de ferventes jansénistes.

88. Manné déposa l'original de cet écrit entre les mains de Thérèse Gerbier. Celle-ci le montra suffisamment pour que le Père Patouillet pût s'en procurer une copie.

89. Célèbre ouvrage du Père Quesnel, édité à Paris, en 1671, chez Pralart.

90. Ou *Explication des qualités d'une vraie pénitence*, in-12, 334 p., par OPSTRAET ; de Natte, traducteur, Detmar (*sic*), auteur des additions. Sur cet

la *Prière publique*[91], le *Catéchisme de la Noe-Mesnard*[92], les *Instructions sur les sacremens de Pénitence et d'Eucharistie publiées par MM. de Port-Royal*[93], la *Journée chrétienne*[94], différents *Traités de piété* attribués au diacre Pâris[95]. Il déconseillait la confession et la communion fréquentes, « un des plus grands abus du Christianisme ». Il exigeait toujours de ses pénitentes une vie de prière, de retraite, de travail et de mortification, des veilles, des jeûnes et des abstinences[96].

Les formules de prières n'étaient pas laissées à l'inspiration individuelle. Un recueil existait, à l'usage des habitants du château de la Bédoyère[97]. Elles consistaient principalement « en psaumes traduits en françois, à la façon des Quenellistes, avec une oraison dévote, composée en l'honneur du diacre de Saint-Médard ».

ouvrage, cf. la *Bibliothèque Janséniste*, II, p. 243. Remarquons que ce recueil bibliographique, édité à Paris, chez Desprez, en 1740, sans nom d'auteur, est la même œuvre que le *Dictionnaire des livres jansénistes*, publié à Anvers en 1755, sans signature, mais rédigé par Colonia et complété par Patouillet.

91. Je n'ai pu parvenir à identifier cet ouvrage.

92. M. de la Noë-Mesnard mourut à Nantes, en 1717. Il avait été l'un des membres les plus remarquables de la maison de *Saint-Clément* et exerça une influence profonde sur le clergé nantais. Sa tombe devint un lieu de pèlerinage. Son *catéchisme* se répandit dans les diocèses de l'Ouest de la France. Cf. A. BACHELIER, *Le Jansénisme à Nantes, de 1714 à 1728*, dans cette Revue, X, p. 51 et seq.

93. Le *Dictionnaire des livres jansénistes* ne mentionne pas cette œuvre, mais seulement des *Instructions* sur le même sujet composées par Nicole.

94. *Où l'on trouve des règles pour vivre saintement dans tous les états et dans toutes les conditions*, par PACCORI, diacre du diocèse du Mans, in-12, 1730. Cf. *Bibliothèque janséniste*, II, p. 357.

95. Le diacre Pâris mourut le 1er mai 1727. Ses ouvrages ne parurent que beaucoup plus tard : les *Explications des Epîtres aux Romains et aux Galates*, en 1732 et 1733, les *Méditations sur la Religion et la Morale*, en 1740. Cf. *Biographie universelle*, XXXII, p. 572. On lui attribua à tort la *Science du Vrai*, in-12, 55 pages ; cf. *Dictionnaire des livres jansénistes*, IV, p. 2.

96. *Supplément jésuitique*, 20 septembre 1735, p. 146, *de Saint-Malo*. — « J'ai demandé, ajoute le malin Jésuite, si le Directeur prêche par son exemple la vertu de pénitence. On m'a dit qu'il ne se fait point de scrupule de goûter les douceurs et les commoditez de la vie, afin d'être en état de servir plus longtemps la petite Eglise et de soutenir plus constamment les travaux attachés à son apostolat. On m'a ajouté que ses Dévotes paroissent bien persuadées de la pureté de ses intentions sur ce point et qu'elles ne trouvent pas mauvais qu'il agisse en cela autrement qu'il ne parle. »

97. Les *Nouvelles Ecclés.* du 28 juillet 1734 y font une allusion admirative, mais ne donnent aucune précision.

Le *Figurisme* sévissait à la Bédoyère et les illuminés se penchaient sur les livres sacrés pour y découvrir ce qu'ils désiraient y trouver[98]. Le psaume LXXXV avait leurs préférences. Le verset *Omnes gentes quascumque fecisti venient et adorabunt coram te, Domine, et glorificabunt nomen tuum* signifiait le retour prochain d'Elie, le rappel des Juifs en Palestine et la réunion du monde entier au parti janséniste. Le verset 13e : *Deus iniqui insurrexerunt super me et synagoga potentium quaesierunt animam meam*... présageait la persécution suscitée contre les jansénistes par l'union des deux puissances. Le terme « *iniqui* désignoit le Pape, les Evêques acceptans, le Roy, les ministres et enfin tous ceux qu'on a appelés molinistes ». Le verset 16e : *Salvum fac filium ancillae tuae* était non moins clair. L'*ancilla* était « la petite Eglise victorieuse par les Convulsions » et le mot *filium* s'appliquait évidemment au diacre Pâris.

Le psaume XXXI se présentait lui aussi, avec une clarté aveuglante, à tous ceux « qu'éclairait le lumineux flambeau du figurisme ». Le Roi-Prophète y avait traité par avance, à l'intention des jansénistes, de la pénitence et de la rémission des péchés. Le verset 6e : *Dixi : Confitebor adversum me injustitiam meam Domino*, désignait la piété constante et le courage intrépide des Amis de la Vérité, tandis que le passage *Tu es refugium meum a tribulatione* présageait leur juste confiance dans les épreuves. *Multa flagella peccatoris*, continuait le psaume, et cela se rapportait, sans discussion possible, aux malheurs inévitables, aux châti-

98. Sur l'origine du *Figurisme*, cf. PICOT, *Mémoires*, II, p. 99 et seq. Le diacre Pâris « avait appris à l'école de M. l'abbé d'Asfeld cet art divin du Figurisme ». *Suppl. aux Nouv. Ecclés.*, 4 mars 1735, p. 50. — Sur le parti des *Figuristes*, cf. PICOT, *Mémoires*, II, p. 142 et seq. Les chefs de ce mouvement étaient les évêques de Montpellier, de Senez et de Babylone, le diacre Poncet, le docteur Boursier, Mongeron, Le Gros, La Roche (rédacteur aux *Nouv. Eccl.*), et surtout l'abbé d'Etemare. A ce parti s'opposa celui des *anti-figuristes*, avec à sa tête l'abbé de Bonnaire, docteur de Sorbonne. De Bonnaire écrivit beaucoup, en particulier l'*Examen critique, physique et théologique des convulsions*. L'abbé d'Asfeld, avec Besoigne, Delan, Fouillou et Petitpied fonda un troisième groupe, dit « parti moyen ».

ments trois fois mérités qui menaçaient les molinistes, tandis que le bonheur et la gloire assurés aux cœurs droits étaient prédits par le verset : *Laetamini in Domino et exsultate justi et gloriamini, omnes recti corde.* « Tous les sectaires ont parlé de même », observe avec sévérité le Père Patouillet en insérant dans ses colonnes cette enfantine exégèse.

La prière au diacre Pâris n'est pas rapportée en entier, et c'est regrettable. En voici du moins le début : « O Dieu qui, dans ce grand nombre de maux qui affligent votre Eglise, de persécutions qui l'agitent et de divisions qui la déchirent, voulez la consoler par les miracles que vous faites en faveur de ceux qui implorent l'assistance de votre serviteur François de Pâris, Diacre, daignez...[99] ». La formule finissait ainsi : *La Vérité du Seigneur demeure éternellement.* « C'est toute la prière qu'on fait le soir à la Bédoyère et qu'on fait aussi le matin. Il n'y est pas question d'invoquer la Sainte Vierge et les autres Saints, ainsi que l'Eglise le fait à Prime et à Vêpres et qu'on le pratique dans toutes les familles chrétiennes. Mais la Vierge et les Saints font aujourd'hui peu de miracles, au lieu que le B. Diacre en fait autant qu'on veut. Le Comte de la Bédoyère a des Convulsions à souhait. Je répondrais bien qu'il auroit invoqué tous les Saints du Paradis sans en pouvoir obtenir une seule[100]. »

A Calabre s'adjoignit temporairement un autre ecclésiastique nommé Prenec, disciple, lui aussi, de Dom Louvard. Il desservait la chapelle en son absence et le suppléait,

99. Voici la fin d'une autre prière « à Dieu le Fils, par le saint Diacre : « Faites-nous connoitre et suivre Elie ; faites-nous la grâce de souffrir avec lui. » Envoyez ce Prophète, ce serviteur de Dieu, ce libérateur des persécutés, ce » réparateur de l'Eglise. » On annonça pendant quelque temps qu'Elie était venu. C'étoit un prêtre, le sieur Vaillant, du diocèse de Troyes. » *Supplément jésuitique*, 4 mars 1735, p. 150. De là, le parti des *Vaillantistes*. Cf. BARBIER, *Journal*, décembre 1734. D'autres reconnurent Elie en un certain Augustin et formèrent le groupe des *Augustinistes*. Sur les désordres qu'engendrèrent ces fanatiques, cf. PICOT, *Mémoires*, II, p. 146 et seq.

100. *Supplément jésuitique*, 1er octobre 1734, p. 135 et seq., *de Redon*.

au besoin, dans ses autres occupations[101]. Ils s'en allaient souvent à Paris tous les deux, « aux dépens de Madame de la Bédoyère. Ils visitaient les débris de Port-Royal[102], le tombeau miraculeux de Saint-Médard[103], ainsi que les Convulsionnaires, Figuristes, Prophètes et Prophétesses de la Capitale ».

XI. — Ces deux ecclésiastiques trouvaient un important renfort dans les religieux de l'Abbaye de Saint-Jacques-de-Montfort[104]. Le monastère, ravagé par la commende, ne comptait plus alors que cinq ou six religieux, « tous ou presque tous ennemis du Formulaire et de la Bulle, partisans, en revanche, des Convulsions et des Miracles du diacre Pâris ». Deux surtout se distinguaient par leur zèle.

Le premier était le *Régent* du monastère[105]. « Prêchant dernièrement le panégyrique de saint Augustin, il avança la troisième proposition de Jansénius, en confondant le *libre* et le *volontaire*, et donnant à entendre que la liberté

101. Ce remplacement n'était pas parfait cependant. « Depuis le départ de la Calabre, dit le *Supplément jésuitique*, 1738, p. 83, la chapelle n'est plus desservie. Aucune fondation n'est acquittée, tant il y a de différence entre les décisions spéculatives et la Morale pratique de nos Quenellistes. »

102. Ce pèlerinage a toujours été en grand honneur dans l'Eglise janséniste. Ainsi les Hébreux pleurent-ils sur les ruines du Temple de Salomon. André HALLAYS a consacré à cette pieuse visite des pages attachantes dans son *Pèlerinage de Port-Royal*, VI, p. 126 et seq. (p. 130, ce qui restait de Port-Royal en 1767). Avant lui, l'abbé GRÉGOIRE, évêque constitutionnel de Blois, publia un volume qui eut un succès considérable parmi les « Amis de la Vérité » : *Les Ruines de Port-Royal*. Celui qui arracha ces lamentables débris à la destruction complète, M. Louis Silvy, « composa des inscriptions en vers destinées à être mises... sur les pierres du monastère ruiné ; ses vers ne valent rien ». Mais ils impressionnent quand même, à l'entrée de l'église rasée. De fait, la visite du « vallon sacré », dévasté si profondément par la main des hommes, a quelque chose de saisissant.

103. Au cimetière de Saint-Médard à ce moment. Depuis la fin du XVIII<sup>e</sup> s., dans la chapelle de la Vierge, bâtie au chevet de cette église, d'une manière lourde et froide, par l'architecte Petit-Radet.

104. GUILLOTIN DE CORSON, *Pouillé de Rennes*, II, p. 636 et seq. — *Gallia Christ.*, XIV, col. 1025. — LE LARGE, *Catalogue manuscrit des abbés de Montfort*. — TRESVAUX, *Eglise de Bretagne*, p. 510 et seq. — En 1734, l'abbé était N... de Champlais, chanoine de la Collégiale Saint-Aubin de Guérande (1725-1786).

105. Ainsi appelé, bien qu'il n'eût pas présentement d'élèves, à cause de ses fonctions de directeur des études.

de l'homme consiste dans la seule exemption de contrainte. » Le second était un jeune homme de Basse-Bretagne, fort vif et outré dans ses opinions. « Craignant d'être obligé de signer le Formulaire à Rennes, il est allé prendre les ordres à Vannes, où l'évêque, dit-il, est de meilleure composition et n'a pas coutume de mettre les ordinands à une épreuve si rigoureuse[106]. »

A l'abbaye de Saint-Jacques[107], le recteur de Talensac, zélé janséniste, on le sait, allait souvent dîner. Un jour, il parla, avec plus d'enthousiasme encore que de coutume, des merveilles opérées au château de la Bédoyère. « Il dit qu'il avoit été surtout frappé de la vertu d'une pierre précieuse qu'on ne trouve pas chez les Lapidaires et qui s'appelle *Pierre de Port-Royal*. Elle n'a rien de rare et de particulier dans sa structure et sa couleur ; mais elle a une propriété admirable entre les mains des Convulsionnaires qui sçavent en faire usage. Avec se secours, ils prophétisent et pénètrent dans l'avenir le plus obscur. »

Et le bon recteur en donna une preuve suffisante, à tout le moins, pour convaincre les hommes de bonne volonté. Il venait d'être appelé à Saint-Malo par l'évêque, en vue de fournir des explications sur sa conduite. Il communiqua à la châtelaine et au comte-prophète le message du prélat. Aussitôt le Convulsionnaire, « tenant d'une main la Pierre de Port-Royal et de l'autre la Lettre en question, leva les bras et les yeux vers l'image du saint Diacre. Ensuite, il parcourut toute la longueur de la chambre avec beaucoup de vitesse et de rapidité, imitant l'allure d'un cheval qui va

106. *Supplément jésuitique*, 16 sept. 1734, p. 131 et seq., *de Montfort-la-Canne*.

107. Le *Supplément jésuitique* de 1736 publie, à la page 5, une lettre de Rennes, consacrée à un jeune chanoine régulier de Sainte-Geneviève nommé La Haye, « qui est venu de Rouen ici où il a demeuré l'espace de cinq mois chez sa mère ». C'est un ardent quenelliste. « Etant allé, le 8 décembre dernier, au sermon dans la paroisse de Saint-Germain, il ne put s'empêcher de montrer une vive impatience lorsque le prédicateur vint à prouver l'Immaculée-Conception de la Sainte-Vierge. Le Père La Haye va aller à Saint-Jacques de Montfort. » A la page 6, le même journal signale une fermière des environs de la Bédoyère qui croit aux convulsions.

le grand galop. Après quoi, il s'en revint à petits pas, comme avec lenteur et tranquillité. Or, ces deux marches mystérieuses signifient, expliqua le Prophète, des événements que je vais expliquer. La course précipitée présage que le Recteur de Talensac ira promptement à Saint-Malo; qu'en y allant, il éprouvera quelque trouble et quelque agitation ; qu'on fera grand bruit à son sujet. Le retour à pas lents, graves et mesurés, annonce que le Recteur sera bientôt rassuré, qu'il calmera aisément l'esprit de ses supérieurs et reviendra chez lui fort tranquille [108] ». On ne sait quel accueil les chanoines réguliers de Montfort firent à cette explication quelque peu énigmatique [109]. Le chapelain, en tout cas, s'en déclara ravi et la consigna, avec beaucoup d'autres faits de même valeur, dans le Registre des Actes Prophétiques et Extatiques du Comte illuminé.

XII. — Les événements dont le château de la Bédoyère était le théâtre ne pouvaient demeurer inconnus du grand public. De tout temps, l'humanité n'a-t-elle pas été séduite par l'appât du merveilleux? Les récits de tous ces prodiges volèrent donc sur les lèvres des hommes et finirent par arriver jusqu'à la Cour, où ils eurent le don d'intéresser le Roi. *Fama crescit eundo.* On avait dû signaler probablement les extases et les prophéties du comte. Mais on ajoutait que sa mère et lui « faisoient des sortilèges et des pactes, qu'ils étoient hérétiques, nioient l'Eucharistie et le culte de la Sainte Vierge ». Il y avait là de quoi faire dresser l'oreille au monarque, fort peu ami des nouveautés dans l'ordre théologique, comme chacun sait.

Quel était l'auteur responsable de tous ces bruits fâcheux? Les jansénistes ne manquèrent pas d'accuser M. Chotard,

108. *Supplément jésuitique*, 1734, p. 132.

109. Le *Supplément* note que le recteur de Talensac avait une sœur, beaucoup plus âgée que lui, qui refusait d'ajouter foi aux divagations de son pauvre frère. Elle alla jusqu'à faire à Mme de la Bédoyère des observations aussi justes que précises. Le vicaire de Talensac ne partagea pas davantage les errements de son recteur.

grand-vicaire de Saint-Malo. « Ce qui est vrai, répondait en substance celui-ci, c'est qu'à la Cour, on a appris non sans surprise l'existence des Assemblées à la Bédoyère, les convulsions du Comte et du jeune Miniot. Pourquoi accuser les molinistes d'envoyer au château des émissaires? Le Chapelain de la maison et le Recteur de Talensac ne se sont-ils pas chargés d'assurer à tous ces faits la publicité la plus large? Madame de la Bédoyère elle-même n'a-t-elle pas envoyé au sujet de ces événements, à Rennes et à Montfort, des relations fort détaillées? [110] »

Les vicaires généraux de Saint-Malo étaient d'ailleurs obligés d'intervenir. A cette époque, un paysan nommé Macé avait été reçu à la Bédoyère, sans permission aucune; le recteur de Talensac l'exorcisa et lui fit faire des neuvaines au diacre Pâris. L'évêque demanda à cet ecclésiastique de venir s'expliquer près de lui. Le recteur reçut l'ordre de ne plus aller à la Bédoyère que lorsqu'il serait appelé près des malades. Il promit d'obéir. On lui signifia en même temps la défense de laisser prêcher dans son église le chapelain du château « qui y avoit débité déjà bien des erreurs [111] ».

XII. – Le gouvernement prit à l'égard des convulsionnaires bretons une attitude plus nette.

« Le Lundi de la Semaine-Sainte (1734), M. de Voluire, Commandant [112], reçut les ordres de la Cour à ce sujet. Il porta lui-même à M. le Procureur-Général une lettre qui lui enjoignoit de se

110. *Supplément jésuitique*, 22 sept. 1734, p. 129, de Saint-Malo. Il paraît cependant hors de doute que, en vertu d'une pratique chère aux Jansénistes aussi bien qu'à leurs adversaires, les assemblées ne comptaient pas que des Amis de la Vérité. « Voilà ce que j'ai appris d'une personne qui entre dans les secrets les plus intimes de la petite société », écrivait le Père Patouillet lui-même au sujet des réunions tenues à la Bédoyère. Cf. *Supplément jésuitique*, 25 avril 1735, p. 85, *de Montfort-la-Canne*.

111. *Ibid.*, 1734, p. 130.

112. Ou de Volvire, commandant pour le Roi dans l'Evêché de Rennes. Sur cette famille, cf. LEVOT, *loc. cit.*, II, p. 964 et seq. — FROTIER DE LA MESSELIÈRE, *Recueil généalogique*, II, p. 1195.

rendre à la suite du Roy[113]. M. de Voluire envoya signifier à la Bédoyère deux autres lettres dont l'une étoit (destinée) à Madame de la Bédoyère pour lui défendre de sortir de son château, défense qui subsiste encore. L'autre regardoit son fils et lui ordonnoit de se rendre aux Sables-d'Olonne chez les religieux de Saint-François. La lettre ne put lui être signifiée, parce qu'il ne parut point. Depuis ce tems on ne l'a point vu et on ne sçait ce qu'il est devenu. On ne croit pas qu'il soit allé fort loin. M. de Voluire, de l'ordre du Roy, a donné des avis sérieux à divers Ecclésiastiques qui s'étoient trouvez le plus souvent aux Assemblées de la Bédoyère, avec défense d'en former de semblables, entre autres aux Recteurs de Monterfil[114], de Talensac[115], de Clayes[116], de Romillé[117], de Saint-Gilles[118], au sieur de Champalone, ci-devant confesseur de Saint-Cyr, Monastère de Calvairiennes, à deux chanoines réguliers de Montfort. Madame de Grenédan[119] a reçu une défense particulière d'aller à la Bédoyère[120]. »

113. M. le Procureur général était également fort compromis dans les disputes jansénistes. Une lettre de lui nous instruit complètement sur ses sentiments intimes. Elle fut adressée de Rennes, au duc d'Orléans, le 17 mai 1716 et est conservée maintenant aux Archives nationales, L 15. Le Procureur général se plaint des « mandemens de messieurs les evesques » qui, à l'exemple de Mgr de Beauveau (évêque de Nantes), se permettent de condamner les livres hétérodoxes. « Ils peuvent... être aisément attaqués par l'esprit qui règne, qui paroist fort opposé au bien de la paix. » Ils emploient « des expressions dures et aigres... contre ceux qui ne sont pas de leurs sentiments ». Les Jansénistes recouraient facilement au Procureur général. Cf. LAVEILLE, *loc. cit.*, p. 553 et seq. Les deux lettres citées étaient inédites.

114. Frère Pierre Guérin, pourvu en 1737, résigna en 1748. Il fut le dernier chanoine régulier desservant Monterfil. Ses successeurs, nommés comme lui par l'abbé de Montfort, furent des prêtres séculiers. GUILLOTIN DE CORSON, *Pouillé de Rennes*, V, p. 273.

115. Jean Roselier, présenté par l'abbé de Marmoutiers et pourvu le 27 octobre 1723, « s'attira une lettre de cachet par ses entêtements dans les nouveautés ». Nous reparlerons de lui. Cf. GUILLOTIN DE CORSON, *loc. cit.*, VI, p. 355.

116. François Coquaud, né à Saint-Péran, pourvu par l'évêque de Saint-Malo, le 3 avril 1717. Décédé le 13 novembre 1745. Cf. GUILLOTIN DE CORSON, *loc. cit.*, IV, p. 444.

117. Frère Zacharie Berthelot, religieux de Saint-Jacques de Montfort, pourvu en 1730, résigna au mois d'octobre 1734. Cf. GUILLOTIN DE CORSON, *loc. cit.*, V, p. 707.

118. Julien Euchet, prêtre du diocèse de Rennes, pourvu le 10 septembre 1720 et décédé le 14 août 1763. Il assista, au cours de sa dernière maladie, un janséniste obstiné entre tous, l'abbé Le Loué, recteur de Saint-Etienne de Rennes. Cf. GUILLOTIN DE CORSON, *loc. cit.*, VI, p. 56.

119. Le *Supplément jésuitique*, 1738, p. 83, signale également comme jansénistes zélées à Talensac Mlle de la Motte, sœur du Tiers-Ordre des Carmes, et Mlle de la Hunaudière, toutes les deux pénitentes de Roselier.

120. *Supplément jésuitique*, le 8 may 1734, p. 85, *de Rennes*.

Le comte de la Bédoyère disparu, une active correspondance s'établit entre lui et sa mère. Les épîtres qui arrivaient au château ne demeuraient pas dans l'oubli.

« Madame de la Bédoyère est toujours affligée, mais toujours ferme dans son affliction. Les lettres qu'elle reçoit de son cher fils le Comte la consolent et la soutiennent. On assure que dans une de ces lettres, il lui mande que le don des Convulsions[121] s'accroît et se perfectionne en lui; et que dans les précieux moments où il en est agité, il éprouve quelquefois la protection du saint Diacre jusqu'à se voir élevé de terre et suspendu en l'air sans le moindre appui. Quoi de plus consolant pour une mère pieuse qu'un fils si visiblement favorisé du Ciel ? Mais voici un événement qui a bien tempéré sa joye.

» Le Comte, dans les accès de ses Convulsions à la Bédoyère, entroit souvent dans une espèce d'extase où il paraissoit comme absorbé en Dieu et ravi hors de lui-même. Alors, il récitoit, avec un saint enthousiasme, une Oraison remplie des plus nobles sentimens que peuvent inspirer l'amour de la vérité et l'esprit de charité. On a eu soin d'écrire cette oraison, ainsi que ses Prophéties, et on en distribuoit des copies à tout venant, comme d'une prière dictée par l'Esprit-Saint au Comte-Prophète. Un Ecclésiastique l'ayant entendu lire je ne sçai où, s'est malheureusement souvenu qu'il l'avoit vue tout entière dans un livre de prières, imprimé depuis long tems à l'usage des Jansénistes et il n'a pu s'empêcher de le publier et de montrer le livre. Ce contresens n'est, comme on le voit, que trop capable de discréditer ici l'œuvre des Convulsions, les Acteurs qui les représentent et le nouveau Saint qui en gratifie ses cliens[122]. »

XIII. — Vers le milieu de l'année 1735[123], l'orage qui s'amoncelait depuis longtemps sur le château de la Bédoyère finit par éclater. Le Roi envoya ordre[124] au Procureur général de « congédier absolument le sieur Jean la Callabre ». Celui-ci partit pour une destination incon-

121. « Comme le Comte, dans le cours de sa vie errante, continue d'être gratifié du don de prophéties et de convulsions, il y a lieu de croire qu'il a toujours auprès de lui une personne destinée à en tenir Registre, afin qu'il ne manque rien au Journal. » *Supplément jésuitique*, 1735, p. 12.

122. *Supplément jésuitique*, 15 août 1734, p. 120, *de Montfort-la-Canne*.

123. Vers le mois d'avril 1735, probablement.

124. *Supplément jésuitique*, 2 may 1735, p. 83, *de Montfort-la-Canne*. La Calabre avait reçu déjà deux lettres de petit cachet, auxquelles il n'avait obéi qu'en changeant de nom. *Ibid.*, 1734, p. 129.

nue. Allait-il accompagner le comte de la Bédoyère dans sa vie errante? Allait-il se réfugier, comme tant d'autres, près de l'archevêque d'Utrecht? On ne le savait et les suppositions allaient leur train[125]. En attendant, les visites de condoléances et les témoignages de sympathie affluaient au château.

Au mois de juin, la « Procureuse » générale obtint du Roi la permission d'aller à Paris, à l'occasion de la mort de son père. La désolation fut extrême parmi les habitués du château, en particulier « chez M. Roselier, prieur de Monterfis (Monterfil), et ses confrères, les Chanoines réguliers de l'Abbaye de Montfort[126] ». Madame de la Bédoyère les consola singulièrement en leur promettant d'aller prier à leurs intentions sur le tombeau du diacre Pâris.

Au mois d'août 1735, M. le comte de la Bédoyère parvint à faire révoquer la lettre de cachet qui l'exilait aux Sables-d'Olonne. Il était déjà en liberté depuis un mois et vivait à Rennes[127]. M. la Calabre et le recteur de Talensac demeurèrent en exil[128]. Madame de la Bédoyère sollicita le pardon de son pasteur auprès de M. de Saint-Malo, en cours de visite pastorale. « Inutile de me parler de ce prêtre, répondit l'évêque, tant qu'il n'aura pas accepté la Bulle et le Formulaire[129]. »

125. Le chapelain revêtit à cette occasion l'habit séculier qu'il ne devait plus guère quitter dans la suite. « Triste nécessité, disait-il, à laquelle nous réduisent les malheurs des tems et les besoins de l'Eglise. » *Supplément jésuitique*, 20 septembre 1735, p. 146.

126. *Supplément jésuitique*, 8 juin 1735, p. 105, *de Montfort-la-Canne*.

127. Une lettre de Rennes, insérée au *Supplément jésuitique*, 14 janvier 1736, p. 19, cite un libelle janséniste imprimé à Utrecht « aux dépens de la Compagnie » et intitulé : *Nécrologe des personnes qui, depuis un siècle, se sont le plus distinguées par leur piété, leur attachement à Port-Royal et leur amour pour les vérites combattues*. Le comte exilé aux Sables-d'Olonne est l'objet d'un article.

128. *Supplément jésuitique*, 6 août 1735, p. 153, *de Montfort-la-Canne*.

129. Les pérégrinations de cet illuminé sont innombrables et fort enchevêtrées. Il change sans cesse de nom. Sous celui de M. Duclos, il se rend à Gahard, à Rennes (où il loge à l'Hôtel d'Armaillé). Mme la Présidente de Montbourcher et Mme de Blaison « qui étoient à la campagne se rendirent alors à la ville. » Une des pénitentes de La Calabre « se déguise en cavalier pour aller consulter l'oracle ». Les demoiselles Lurau et Lamandé se signalent par

A la fin de l'année 1735, un événement singulier se produisit au château de la Bédoyère[130]. L'importance qu'il présentait ne devait pas échapper au Père Patouillet.

« M. le Comte de la Bédoyère n'a plus de Convulsions. Ses amis publient qu'il a lui-même demandé au Seigneur, par l'intercession du Bienheureux Diacre, la cessation de ces faveurs. Ils ajoutent que les justes motifs de cette prière seront exposez à la fin du *Journal historique* de ses Convulsions et de ses Prophéties. Cet ouvrage est en état de voir le jour. Mais on voudroit un tems plus favorable pour le faire paroître. Plusieurs croient qu'il ne sera pas imprimé avant la venue et la prédication du prophète Elie[131]. »

XIV. — Presque à la même époque[132], le prieuré de Saint-Magloire, situé à Léhon, près Dinan, avait été également témoin de scènes étranges.

Un jeune profès bénédictin[133], le frère Morin, « joua le personnage de Convulsionnaire[134] ». Il reçut l'extrême-

leur fidélité constante. En d'autres maisons, le proscrit est reçu plus froidement. « Au château de Grenédan, on attend la Calabre, Mlle de Montaudouin, sœur de Mme la Présidente de Montbourcher et de la Comtesse de Grenédan, y demeure depuis six mois, avec Mlle Terrien, sa compagne ordinaire. L'une et l'autre sont lassées d'être à la Magnane — près Andouillé-Neuville — où le Maître ne veut pas voir la Calabre ni ses semblables. » Les trois femmes tiennent bon. « Il est difficile de dire laquelle des trois donne le plus dans le fanatisme du tems. » A Châteaubourg, chez M. de la Galmandière Gault, les opinions sont partagées, même après le passage de La Calabre. La fille cadette, nommée Perotte, est « très ardente pour les convulsions ». Sa sœur aînée, Julie, montre des sentiments tout opposés. Cf. *Supplément jésuitique*, 1735, p. 182.

130. Une lettre de Montfort-la-Canne, insérée le 12 mai 1738, au *Supplément jésuitique*, indique qu'à ce moment « Rosélier commence à déchanter sur les convulsions. Il a poussé au désespoir un paysan qui se pendit ». On nomme, dans ce passage, les auxiliaires principaux du chapelain pour la propagation des doctrines jansénienne : Trillard, homme d'affaires qui apprend à lire et à écrire aux enfants ; un tisserand, Joseph Mesnier, surnommé frère Pacôme.

131. *Supplément jésuitique*, 6 novembre 1735, p. 181, *de Montfort-la-Canne*. A la page 183, le « Supplémenteur » indique, non sans une joie maligne, que Mme de la Bédoyère ayant accouché d'une fille a voulu la nommer Hyacinthe, en l'honneur de M. Ravechet, syndic de Sorbonne, récemment décédé à Rennes, en exil, chez les Bénédictins de Saint-Melaine. Mme de la Bédoyère aurait même voulu qu'on appelât sa fille « Hyacinthe Ravechet ». M. de Moutiers penchait pour les noms de Prosper, Fulgence et Augustin. « Pourquoi pas Jansénius, Arnauld, Quesnel ou Pâris ? » demande le Père Patouillet.

132. Au mois de novembre 1733.

133. Une difficulté sérieuse se présente ici. Le livre de M. Fouéré-Macé donne la liste des religieux de Léhon de 850 à 1788. A la page 400, on cherchera vainement le nom d'un frère Morin — ou un nom semblable — entre 1722 et 1750.

134. *Supplément jésuitique*, 17 juin 1734, p. 81 et seq., *de Dinan*.

onction et la communion, à deux ou trois reprises, au début de ces accès.

« Les prétendues convulsions lui prenoient au commencement à la même heure; quelques jours après, elles lui venoient plus tard. Les Pères avaient soin d'y faire trouver le Médecin et le Chirurgien de la maison. Il faisoit des extensions du corps et des jambes, se renversoit la tête de façon à ne se faire aucun mal, n'y ayant rien dans ces mouvemens d'extraordinaire... Quand on lui demandoit si cela étoit fini, il répondoit : « Vous n'avez encore rien vu et vous allez en voir bien d'autres ». Un jour, en se débattant, il donna un coup de pied dans le visage du père Prieur[135], qui, après la farce jouée, lui dit : « Frère Morin, vous m'avez frappé. — Pourquoi vous approchez-vous si fort » répliqua le jeune moine. Les scènes continuèrent huit ou neuf fois et duroient chaque fois une heure ou une heure et demie. Le poulx de l'acteur étoit bon et après ses agitations, il alloit boire et manger avec beaucoup d'appétit.

» Plusieurs des religieux y étoient à genoux et récitoient des Pseaumes, pendant que le petit Frère faisoit ses cabrioles. « Pensez au Saint Diacre » lui crioit-on. A quoi il répondoit : « J'y pense ». Le Prieur, le Père Zélateur et autres disoient qu'il y avoit là du divin. On proposa de lui passer un fer rouge à la nuque du cou et de lui mettre un *fetum*. Le Prieur répondit qu'il ne souffriroit pas qu'on lui fit aucun remède et qu'il étoit même fâché de l'avoir laissé saigner au pied les premiers jours : « Car je sais bien, dit-il, qu'il n'est point malade ».

» Le Religieux avoit une hernie. Les Pères assuroient qu'il en seroit guéri et dirent au chirurgien qu'ils lui rendroient bientôt le bandage qu'il lui avoit mis depuis quelque tems. « Ce ne seroit pas le premier, dit le Chirurgien, qui auroit été guéri de ce bandage et des remèdes que je lui ai faits ». Cependant, il est sûr que le Frère Morin a encore la même infirmité[136]. Ils ont aussi débité qu'il étoit guéri d'une fièvre. Mais le même Chirurgien m'a avoué qu'il l'en avoit traité et guéri plus de trois semaines avant ses convulsions. On a débité aussi faussement qu'il faisoit des contorsions contre nature, qu'il s'élevoit de trois ou quatre pieds de terre et y restoit dix minutes sans point d'appui.

» M. le Chevalier de ***, officier, étant à dîner à Lehon, lorsqu'on vint dire au Père Prieur que ce Religieux étoit en convulsion,

135. Dom François Barjon. Cf. FOUÉRÉ-MACÉ, *loc. cit.*, p. 400.

136. Cf. *Supplément jésuitique*, 1740, p. 52. L'abbé D'ASFELD, dans son ouvrage : *Le système du Mélange confondu*, énumère des trépas de convulsionnaires survenus en 1732, 1733, 1735, au milieu même des convulsions, sans que les malades eussent été aucunement délivrés de leurs maux. On sait que d'Asfeld, malgré son jansénisme avéré, « ne donnait pas dans les extrêmes ». Le mot est de SAINTE-BEUVE, *Port-Royal*, VI, p. 76*.

demanda à le voir, ce qui lui fut accordé. Il sortit tout scandalisé et dit qu'il n'avoit rien vu là d'extraordinaire et que tout autre qui auroit un peu d'agilité de corps ne put faire. « Je suis persuadé, ajouta-t-il, que ce petit frère fait tout cela pour se divertir; mais il jouë mal son personnage ». Le jeune moine est à Saint-Jagu [137] son Prieur ayant eu ordre de la Cour de l'éloigner. Le Père Masson, Bénédictin, passant ici pour aller à Paris, dit aux Religieux de Léhon que tout ce qu'on avoit débité du frère Morin étoit faux... On a sondé le chirurgien pour tirer de lui quelques attestations. Il a dit nettement qu'il n'en donneroit point; que ce Religieux n'étoit point malade et qu'il ne savoit pas pourquoi il faisoit tout cela. [138] »

Nous ne le saurons pas davantage et c'est pourquoi cette histoire, incomplète d'ailleurs, de la secte des Convulsionnaires au pays de Saint-Malo, doit prendre fin sur une énigme.

XVI. — Cherchant à expliquer ces scènes étranges, M. Pocquet du Haut-Jussé a écrit : « Il est difficile de voir dans ces extravagances autre chose que des faits de possession diabolique [139]. » Je ne crois pas qu'il soit nécessaire de chercher à ces faits une origine extra-naturelle [140]. Des

137. Abbaye bénédictine du diocèse de Dol, très entachée de jansénisme. Sur ce monastère, cf. *Gallia Christ.*, XIV, col. 1060 et seq. — TRESVAUX, *Eglise de Bretagne*, p. 400 et seq. et mon étude sur le *Jansénisme à Dol*.

138. On voit que la négation du surnaturel dans les convulsions a trouvé de chauds partisans, même au sein du Jansénisme. Les uns blâment ouvertement ces actes étranges. Cf. SAINTE-BEUVE, *Port-Royal*, VI, p. 341*. D'autres sont pour la thèse opposée. Je cite, au hasard, parmi cette production luxuriante de pamphlets et d'apologies : *Relations et preuves de quelques-unes des nouvelles merveilles que Dieu opère journellement depuis 1748 dans l'œuvre des convulsions et des secours*, s. l., 1749, in-12. Bibl. Nat., Ld⁴ 2298. — *Lettre du P. de G.* (Père de Gennes) *au sujet des convulsions*. Bibl. Nat., Ld⁴ 1919. — *Essai d'un plan sur l'œuvre des convulsions*, s. l. n. d., in-4°. Bibl. Nat., Ld⁴ 1006. — *Réponse à l'écrit : Essai d'un plan...*, s. l., 1733, in-4°. — *Journal historique des convulsions du tems*, s. l., 1733, 2 parties en un vol. in-4°. Bibl. Nat., Ld⁴ 1884. — *Le Naturalisme des convulsions dans les maladies de l'épidémie convulsionnaire*. Soleure, A. Gymnicus, 1733, in-12. Bibl. Nat., Ld⁴ 1875. — *Observations d'un médecin sur la maladie appelée convulsions, par un médecin de la Faculté de Paris*. Paris, Lambert, 1732, in-12. Bibl. Nat., Ld⁴ 1780.

139. *Histoire de Bretagne*, V, p. 605.

140. La majorité des jansénistes regarda toujours ces faits comme miraculeux. Cf. le livre très curieux intitulé : *La vérité sur les miracles opérés par l'intercession de Mr de Paris et autres appelants, démontrée contre Mr l'Archevêque de Sens*, 3 vol. in-4°, 1737. « Beaucoup d'auteurs admettent comme explication probable de ces troubles nerveux l'impression très profonde que pro-

jansénistes de marque s'étaient eux-mêmes élevés — et de bonne heure — contre les convulsions qu'ils traitaient de « charlatanisme et de chose naturelle et non miraculeuse [141] ». Hecquet, l'un des derniers médecins de Port-Royal, était de ce nombre. Du Guet aussi, bien qu'il avouât ne pas bien saisir le côté physique et physiologique de la question. Qu'il y ait eu là des crises d'hystérie, certaines indications tendraient à le prouver [142]. En tout cas, les poursuites engagées par l'autorité civile contre les convulsionnaires furent le remède le plus actif contre les convulsions [143].

duisit chez les disciples de Jansénius la destruction de l'abbaye en 1709... Le retentissant miracle de la Sainte-Epine avait habitué les amis de Port-Royal, même les moins crédules, à cette idée que le monastère devait être l'objet des faveurs surnaturelles. » Cette explication est donnée par Léon SÉCHÉ dans son excellent ouvrage : *Les derniers jansénistes, depuis la ruine de Port-Royal jusqu'à nos jours, 1710-1870*, 3 vol., Paris, Perrin, 1891. Voir spécialement le chapitre des *Convulsions*, I, p. 55 et seq. L'idée de M. Séché paraît fort plausible à première vue. Elle l'est moins si l'on se souvient que Port-Royal fut détruit en 1709 et que les convulsions commencèrent au cimetière de Saint-Médard en 1731 seulement.

141. Il y eut des cas de folie pure, s'il faut en croire le *Supplément jésuitique* (1738, p. 187), dans la bonne ville de Saint-Malo : « Les principes outrés de ce Directeur — l'abbé de Saint-Verguet — n'ont pas peu contribué à renverser la tête de Mademoiselle Hunaut, âgée de vingt-neuf ans, fille du médecin de ce nom. On a entendu souvent cette Demoiselle, dans les accès de sa folie, appeler à son secours ledit sieur Saint-Verguet et le qualifier de Pape. »

142. « Une des convulsionnaires de Saint-Médard voit une boule blanche dans du feu », dit L. SÉCHÉ, *loc. cit.*, I, p. 68. — Contre l'origine divine des convulsions, cf. la *Consultation de trente docteurs de Paris, appelans*, du 7 janvier 1735. On y lisait entre autres choses que « les Convulsions n'étoient point l'œuvre de Dieu et que ce prodige, autorisé par une admiration mal placée, devoit être livré à tout le mépris qu'il méritoit. C'étoit une folie, un fanatisme, un scandale, un blasphème que d'attribuer à Dieu ce qui ne pouvoit venir de lui. » Cf., sur ce document si important, PICOT, *Mémoires*, II, p. 139 et seq. Je signale à la Bibliothèque de Rennes le Volume coté 17309. Il renferme le récit de beaucoup de « miracles » jansénistes. P. 387 : *Recherche sur la vérité ou lettres sur l'œuvre des convulsions*, s. l., 8 août 1733, 36 p. — *Lettres de M. M... à un de ses amis sur l'œuvre des convulsions*, MDCCXXXIV, 92 p. — *Lettre d'un ecclésiastique de province à un de ses amis, qui lui donne une idée abrégée de l'œuvre des convulsions*, MDCCXXXIII, 49 p. et suppl. 12 p.

143. Remarquons cependant qu'un passage des *Nouvelles Ecclésiastiques*, du 17 janvier 1737, d'après une lettre de Paris, semble indiquer que les cinq lettres de cachet envoyées par la Cour contre les convulsionnaires de la Bédoyère n'ont pas eu tout le résultat qu'on en pouvait attendre. Les coupables sont cachés ou en fuite. L'Intendant fait rechercher particulièrement Manné et Cellier. Depuis le 18 novembre 1736, ceux-ci n'osent pas se montrer, pas plus que leurs élèves. Le *Supplément jésuitique* du 4 mars 1737, p. 51, donne clairement à entendre que la Galmandière-Gault, ainsi que Gerbier, ont pu favoriser l'évasion des coupables. Ceux-ci gardèrent-ils dans le secret de

En dépit du distique moqueur affiché sur la porte du cimetière Saint-Médard, le miracle cessa par la défense du roi, ce qui prouve bien qu'il ne venait pas du ciel. Pour beaucoup de convulsionnaires, la crainte du seigneur — et de ses châtiments — fut le commencement de la sagesse, au diocèse de Saint-Malo comme ailleurs[144].

Abbé Raison.

leur âme la conviction que les convulsions étaient d'origine surnaturelle ? Il est permis de le supposer. Chose invraisemblable et pourtant vraie : on peut rencontrer des disciples et des admirateurs du diacre Pâris dans une communauté de femmes, au début du XIXe siècle. Le 29 septembre 1815, une religieuse de Sainte Marthe, la sœur Céligne, est invitée à se retirer de l'ordre « parce qu'elle persiste, malgré les remontrances, à demeurer attachée à l'œuvre des convulsions ». La congrégation à laquelle appartenait cette exaltée fut, comme on le sait, l'héritière de l'esprit et des traditions de Port-Royal. La dernière religieuse de cet institut, la sœur Simon, est morte, le 26 mars 1918, à Magny-les-Hameaux, paroisse et reliquaire de l'abbaye. Les religieuses de Sainte-Marthe, au XVIIIe siècle, admettaient *l'œuvre de Saint Médard*. « Elles donnent toutes dans les convulsions et ont dédié leur maison au diacre Pâris, qu'elles regardent comme leur protecteur auprès de Dieu ». Cf. l'ouvrage de Mlle Cécile Gazier, *Après Port-Royal. L'ordre hospitalier des sœurs de Sainte-Marthe de Paris*, 1713-1918, Paris, in-12, s. d., p. 46 et 97.

144. Je donne évidemment cette hypothèse pour ce qu'elle vaut et me contente d'ajouter avec André Hallays, *loc. cit.*, p. 216 : « Pour parler raisonnablement de ces crises de démence, il faudrait des connaissances médicales qui me font défaut. »

www.ingramcontent.com/pod-product-compliance
Lightning Source LLC
LaVergne TN
LVHW020028170826
845678LV00001B/162
* 9 7 8 2 3 2 9 7 5 8 4 2 8 *